HECTOR-HOGIER

PARIS A LA FOURCHETTE

QUATRIÈME SÉRIE

Curiosités
Parisiennes

PARIS

HONORÉ CHAMPION

Libraire de la Ville de Paris et de la Société
de l'Histoire de Paris

5 Quai Malaquais, 5

Baloche (C.). **La chapelle de Saint Bon**, rue Saint-Bon. 1909, in-8, figures. 1 fr. 50

Barroux (Marius), archiviste de la Seine. **Essai de bibliographie critique des généralités de l'histoire de Paris**. 1908, in-8. 6 fr.

Bulletin de la bibliothèque et des travaux historiques publié sous la direction de M. Marcel Poète. 1906-1909, 4 fasc., in-8 *(à suivre)*. Chaque. 2 fr.

I. Le service de la Bibliothèque et des travaux historiques de la ville de Paris. H Baguenier Desormeaux. Catalogue des publications entrées à la Bibliothèque durant l'année 1905.

II. La collection de l'histoire générale de Paris et l'œuvre historique de la ville. L'enseignement de l'histoire de Paris, année 1906-1907. Gabriel Henriot. Catalogue des Mss. entrés de 1903 à 1905.

III. Les travaux de E. Verniquet et en particulier le plan de Paris, dit « Plan des Artistes », par H. Monin. — La production étrangère sur Paris à la Bibl. (1905-1907), par E. Clouzot. — Les papiers de Ledru-Rollin à la Bibliothèque, par G. Henriot. — Table analytique du *Tableau de Paris*, de Mercier, par A. de Boüard.

IV. Th. Vacquer, sa vie et son œuvre. — Le fonds Vacquer à la Bibliothèque, par de Pachtere et Ch. Sellier. — Catalogue des Mss. entrés à la Bibl. 1906 à 1908 par G. Henriot.

Bulletin de la Société historique et archéologique des VIIIᵉ et XVIIᵉ arrondissements de Paris, paraissant tous les six mois. 1909, 11ᵉ année, abonnement. 6 fr.

Cité (La). Bulletin trimestriel de la société historique et archéologique du IVᵉ arrondissement de Paris. La huitième année de la collection est en cours de publication. Prix de l'abonnement. 6 fr.

Cochin (Augustin), archiviste-paléographe. **La Crise de l'Histoire révolutionnaire**, *Taine et M. Aulard*. 2ᵉ édition. 1909, 1 vol. in-8, 104 p. 2 fr. 50

Coyecque (E.). **Les plans cadastraux de la ville de Paris** aux archives nationales. Paris, 1909, in-8, br. 2 fr.

Etat des communes de la Seine, par F. Bournon, archiviste, 77 volumes. 154 fr.

— Chaque commune séparément. 2 fr.

Chaque commune forme un fort volume ; les renseignements d'ordre administratif, qui ont leur utilité, sont précédés de copieux historiques rédigés de main de maître. *Collection très importante.*

Hartmann (Georges). **Anciennes maisons de la rue du Renard à Paris.** 1907, in-8, fig. 2 fr.

Curiosités Parisiennes

(QUATRIÈME SÉRIE)

HECTOR-HOGIER

PARIS A LA FOURCHETTE

QUATRIÈME SÉRIE

Curiosités Parisiennes

PARIS

HONORÉ CHAMPION

Libraire de la Ville de Paris et de la Société
de l'Histoire de Paris

5, Quai Malaquais, 5

AVANT-PROPOS

On peut lire, à la date du 11 mai 1907,
dans le Bulletin municipal officiel *de la ville
de Paris, les lignes suivantes signées de
M. Félix Herbet, le très distingué rapporteur de la Commission du « Vieux-Paris » :*

« M. Hector-Hogier *est pour nous une
vieille connaissance. La Commission du
Vieux-Paris a déjà eu l'occasion de rendre
compte des deux premières séries du* Paris à
la Fourchette, *et de louer, comme il con-
vient, les mérites de leur auteur. Ce nouveau
volume est digne de ses devanciers ; il nous
apporte une masse considérable de renseignements exacts, souvent ignorés ou oubliés,
sur Paris et sa banlieue, mais cette masse
n'est point pesante ; l'esprit et la bonne*

*humeur donnent au style une allure qui pré-
munit le lecteur contre toute fatigue.*

*M. Hector-Hogier suit le conseil du fabu-
liste :*

> *Loin d'épuiser une matière
> Il n'en faut prendre que la fleur. »*

*...Après avoir « pris cette fleur », il nous
a semblé que bien d'autres fleurettes étaient
encore à prendre sur le sol incessamment
renouvelé — incessamment fertile — de la
chronique parisienne. Ces fleurettes, nous les
avons réunies pour en faire un bouquet : non
pas un bouquet solennel et prétentieux, fait
de pièces rares, montées sur tiges et sorti
des mains d'une grande fleuriste ; mais un
simple « bouquet de deux sous », comme
ceux que l'on trouve, — violettes ou muguet,
— à l'aube du printemps, sur les petites
voitures à bras des « marchandes des quatre-
saisons » le long des trottoirs de nos rues
parisiennes.*

*Ces fleurettes ont leur parfum et leur
charme et nombreux sont les délicats qui
les préfèrent aux autres...*

C'est ce nouveau bouquet que nous pré-

sentons aujourd'hui sous la forme d'une quatrième série de nos Curiosités Parisiennes.

Nous espérons qu'on accordera à quelques-unes de ces pages sans prétention le mérite de l'inédit et de la nouveauté.

Il y a, en effet, toujours du nouveau à apprendre sur notre capitale et s'il est vrai que, le Baedeker à la main, un étranger la visite en huit jours — comme Jules Verne faisait le tour du monde en quatre-vingts, — un parisien, un vrai parisien de Paris la découvre à chaque heure, à chaque minute presque, et toute sa vie, sans la connaître jamais complètement.

Paris, en effet, ne se voit pas. Il s'apprend.

Voici donc quelques nouvelles leçons parisiennes. Mais qu'on m'entende bien : ce n'est pas un professeur qui les dicte. C'est un simple passionné de Paris...

H. H.

Décembre 1909.

Curiosités Parisiennes

QUATRIÈME SÉRIE

LE « CHEVAL BLANC »

Autour d'une auberge. — Les carrosses d'Orléans. — La trahison de Périnet Le Clerc. — Sa statue jetée à l'eau. — Les « Folies Dauphine ». — Magny. — Les mésaventures de Janinet.

...Donc l'auberge du *Cheval Blanc* vient de recevoir l'intempestive visite de la pioche du démolisseur (1) ! Elle comptait près de trois siècles d'existence, la vieille auberge, ayant été fondée en 1610, et nous croyons bien que, depuis cette date déjà lointaine, elle n'avait changé ni d'une des pierres de sa vaste cour carrée, toute mangée d'herbe que

(1) Nous avons annoncé naguère cette destruction. Voir *Curiosités Parisiennes* : Paris à la Fourchette, 1re série, page 166.

picoraient à l'envi poulets et canards, ni d'une des tuiles de son toit vermoulu, ni d'une des planches de ses hangars, encore tout remplis, il y a quelques jours, des bottes de paille et de foin qu'une infatigable poulie *Louis-Treizième* hissait, à grand renfort de grincements sinistres, dans des greniers insondables....

Pendant plus de deux cents ans, le *Cheval Blanc* servit de remise aux *carrosses d'Orléans*, lesquels, tout blancs de la poussière ramassée sur les routes de la Beauce, de la Touraine et du Poitou, s'engouffraient sous sa voûte trapue que défendent encore — comme deux sentinelles avancées — deux immenses bornes de grès dites « cavalières » destinées à la protéger contre les heurts dangereux d'un tournant pris trop court...

Le *Cheval Blanc* servait aussi de corps de garde au « guet à cheval », et un bureau y fonctionnait jour et nuit pour y distribuer des passeports à ceux qui voulaient « courir la poste ».

Depuis une soixantaine d'années, la vieille auberge avait cessé d'abriter les carrosses d'Orléans ; mais, il n'y a pas encore un mois de cela, elle servait encore de remise aux maraîchers de la banlieue sud de Paris, lesquels, venant d'Arpajon, de Monthléry et d'Etampes, étaient demeurés fidèles à l'ancestral *Cheval Blanc*.

*
* *

C'est dans les dépendances de l'ancien hôtel de Jeanne de Navarre, la femme de Philippe le Bel, qu'avait été aménagée notre auberge, à la pointe de cette minuscule et tortueuse rue Mazet, dont le vieux nom de *contrescarpe Dauphine* indique bien qu'elle avait emprunté le sol de l'un des fossés de notre vieille enceinte parisienne. La porte Buci profilait, juste en face, ses sombres murailles, et c'est en cet endroit exact que, par une fatale nuit — le 25 mai 1418 — la trahison d'un bourgeois de Paris, Périnet Le Clerc, livra aux Bourguignons notre infortunée capitale.

Périnet — le savait-on ? — eut sa statue. Elle s'érigeait à l'entrée du pont Saint-Michel, dans l'axe de la place immense que viennent de défoncer les gigantesques travaux du

Métropolitain... A la rentrée de Charles VII
la statue fut jetée à la 1ivière et « oncques
n'en entendit jamais parler. » Quant à la
porte Buci, elle fut, par mesure de repré-
sailles, murée et englobée dans l'enceinte
fortifiée. Elle dut attendre jusqu'à Fran-
çois Ier pour obtenir sa réhabilitation...

*
* *

Le *Cheval Blanc* eut des voisins célèbres.

Ce fut d'abord le concert des *Folies-Dau-
phine*, dont les loges et les baignoires, avec
leurs rechampis dorés, servent de casiers à
des monceaux de bouteilles entassées là par
un fabricant de verrerie qui y a établi ses
fragiles dépôts.

Ce fut ensu te le célèbre restaurant Magny,
— rasé il y a quelques années à peine, —
que George Sand mit à la mode. Gustave
Flaubert et le bon « Théo », Alexandre
Dumas fils et Paul de Saint-Victor, Sainte-
Beuve et Renan y fréquentèrent. Le prince
Napoléon y vint aussi et c'est là, on le sait,
que furent inaugurés les fameux « dîners du
vendredi. »

Deux autres voisins du vieux *Cheval Blanc* méritent d'être cités.

L'un d'eux fut le sieur Lebrun, dont l'officine, à la fin de l'avant-dernier siècle, fit fureur dans les rangs de la belle *gentry* parisienne. Il y préparait et y appliquait lui-même, si nous en croyons un curieux prospectus (1), une « graisse d'ours blanche, « préparée sans feu par les sauvages *(sic)* pour « faire croître les cheveux et en prévenir la « chute. » La recette n'en a pas été peut-être tout à fait perdue...

*
* *

L'autre était le sieur Janinet, un élève de Montgolfier, un émule des d'Arlandes et des Blanchard, l'un des pionniers malheureux de la navigation aérienne.

Il avait inventé un aérostat, « le plus large qu'on eût jamais vu, dit le *Journal de Paris* ; il était entré dans sa construction plus de 3,700 aunes de toile ; sa circonférence était

(1) *Le Provincial à Paris.* Paris, chez Waters, 1787, A. P. D. R. (Avec Privilège Du Roi).

de 264 pieds. » Janinet devait lancer sa machine le 12 juillet 1784, dans les jardins du Luxembourg. La foule s'y rassembla en masse, mais l'aérostat commença de prendre feu. Il ne put s'enlever et les spectateurs furieux le mirent en pièces.

Suprême infortune ! Janinet fut mis en vers et eut les honneurs du « pont-neuf » suivant :

> Je me souviendrai toujours
> Du globe du Luxembourg.
> Que de monde il y avait !
> Monsieur Janinet,
> Monsieur Janinet,
> Que de monde il y avait
> Pour voir s'il s'enlèverait !
>
> C'est à qui veut un lambeau
> De votre globe à fourneau !
> J'en ai vu dans tout Paris,
> Même à Saint-Denis,
> Même à Saint-Denis !
> J'en ai vu dans tout Paris
> Dont vous excitez les ris...

Pauvre Janinet! Heureusement que, depuis, M. Santos-Dumont et bien d'autres l'ont vengé...

————————

« NAUMACHIES »

On répare en ce moment, au parc Monceau, la *Naumachie*, ce joli bassin dans lequel canards chinois et mandarins s'ébattent à l'envi, à la plus grande joie des bébés, et dont le curieux nom vient de ce qu'il ressemble à ces pièces d'eau artificielles sur lesquelles les Romains aimaient à donner le spectacle des joutes navales. Nos aïeux raffolaient des *naumachies*; tout parc qui se respectait avait sa *naumachie*.

La *naumachie* du parc Monceau fut dessinée par Carmontelle, à la demande du duc de Chartres, en 1778, en même temps que « le moulin à vent », le « pont rustique », « l'obélisque » et le « cadran solaire », qui ont malheureusement disparu.

La gracieuse colonnade, à demi délabrée, qui entoure la *naumachie*, provient d'une vaste rotonde que Catherine de Médicis avait fait commencer au fond de la basilique de Saint-Denis, pour recevoir le mausolée d'Henri II et le sien, et qui ne fut pas achevée. Des pierres historiques, on le voit...

C'est autour de la *Naumachie* de Monceaux, que Mesmer fit les premières expériences de son fameux baquet et que Cagliostro fit apparaître les ombres de Ninon de l'Enclos, de Diane de Poitiers et de Marie-Stuart... dit-on !

En 1794, la Convention mit la main sur les *Folies de Chartres* et les loua à l'artificier Ruggieri qui y donna des fêtes de nuit toujours sur la *Naumachie*.

C'est en 1815, on le sait, que les *Folies de Chartres* — après avoir appartenu un instant à Cambacérès — furent rendues par le roi Louis XVIII à la Maison d'Orléans qui les conserva jusqu'à la seconde confiscation de 1848...

« *SIC VOS, NON NOBIS...* »

M. Quinquet était, vers 1785, un apothicaire de renom, tenant boutique rue du « Marché-aux-Poirées », proche les Halles. Il avait inventé, entre autres, cette panacée des pilules de *Crème de tartre dissoluble* qui lutta de vogue avec les miracles du baquet, déjà cité, de Mesmer... Il rêvait d'inventer autre chose. Or, il rencontra un beau jour chez le fameux Réveillon, du faubourg Saint-Antoine, un médecin genevois, Ami Argand, qui lui parla, avec cette ardeur imprudente qu'ont tous les inventeurs, d'un système d'éclairage, au moyen d'un réservoir d'huile communiquant avec deux tubes cylindriques, ajustés l'un dans l'autre pour permettre à l'air libre, circulant en double courant, de créer une nappe de lumière, cylindrique elle-même.

Quinquet avait de la mémoire... et de l'adresse. Quelques jours plus tard, la lampe *à courant d'air Quinquet* était inventée...

Quant au médecin genevois, son nom même fut oublié.

N'était-ce pas l'occasion de le remettre « en lumière » et de rappeler, qu'à l'instar de l'Amérique, l'huile de colza épurée eut aussi son Christophe Colomb et son Améric Vespuce?...

IRONIES...

La municipalité a installé, on le sait, des « Refuges de nuit », çà et là, principalement dans les quartiers de la périphérie. Le dernier qu'elle vient d'inaugurer, au Petit-Ivry, est situé, — par une amère ironie de noms et de choses — rue du *Château des Rentiers*, vieille rue jadis rurale, aujourd'hui urbaine, qui figure déjà sur la place de Jouvin de Rochefort, de 1672.

Elle s'appela longtemps rue des *Champs Blancs* et aboutissait à un château où mourut cette charmante Louise-Marie-Adélaïde de Penthièvre qui, retirée dans la maison de santé du docteur Belhomme à Charonne, lisait son Livre d'Heures en disant, — dans le temps où le duc d'Orléans, jeté dans les prisons de la Terreur, attendait l'heure du supplice — : « C'est le « Livre » de mon pauvre mari. Je le lis tous les matins et tous les soirs à sa place, car il ne doit guère avoir le loisir de le lire en ce moment... »

A la mort de la belle-sœur de l'infortunée princesse de Lamballe, en 1821, le château devint une « pension bourgeoise », et l'argot populaire eut vite fait de transformer en « rentiers » les habitants du lieu.

De là vient le nom actuel de cette triste rue qui réunit la place d'Italie et les fortifications, faisant suite à la rue du « Banquier » laquelle fleure également son parfum d'ironie dans ce désolant quartier, où l'on ne voit que chiffonniers, équarrisseurs et débardeurs des rives de la Seine !

Dans la liste des « entrées » constatées au Refuge du château des Rentiers (1) pendant son premier mois d'exercice, toutes les professions sont représentées. On y voit des dessinateurs, des peintres, des sculpteurs, des *clercs d'étude*, des « chauffeurs » et des coiffeurs. Et, parmi tous ces batteurs de pavés, on trouve encore — dernière ironie — deux « batteurs d'or ! »

---

(1) Un autre « Château des Rentiers » existait à l'angle de cette rue et de la rue de Tolbiac actuelle. Nous en avons parlé dans l'une de nos précédentes brochures : *Curiosités Parisiennes*, 3ᵉ série, page 102.

L'HOTEL POMPONNE

Il existe encore, mais pas pour longtemps... Un tout récent arrêté préfectoral a décidé qu'il serait « rescindé » pour cause d'alignement. Il faut donc se hâter d'aller admirer, à l'angle des rues de la Verrerie et du Renard, sa jolie façade et ses beaux balcons où s'accouda naguère Charles Arnauld de Pomponne, conseiller d'Etat, garde des sceaux, qui tenait cet hôtel de son grand-père, le célèbre Arnauld d'Andilly.

Tout proche était, rue de la Verrerie, la vieille habitation de Jacquemin Gringonneur dont le nom, à première vue, ne dira rien à nos « bridgeurs » enragés et à nos élégantes « bridgeuses ». Et pourtant c'est à lui qu'ils et qu'elles sont redevables des diverses émotions que leur donne un beau « sans atout ». C'est, en effet, à Jacquemin Gringonneur que remonte l'invention des cartes à jouer, sous le roi Charles VI, *pour l'esbatte-*

ment duquel il en peignoit à or et à diverses couleurs...

C'est même en souvenir de l'infortuné époux d'Isabeau de Bavière que le roi de Carreau s'appelle *Charles*... et cela depuis tantôt cinq siècles !

« *Je passe parole...* »

POUR LES PAPILLONS DE LA ROUTE...

Qui n'a entendu parler des « Filets de Saint-Cloud ? » Ils étaient fixés aux piles du pont de ce joli village que la Révolution dénomma : *Pont-la-Montagne*, tandis que Versailles devenait : *Berceau de la Liberté* et Montmorency : *Emile*... Pendant de longs siècles, ils servirent, ces filets, à recueillir toutes les « épaves » de Paris la Grand'Ville, qui s'en allaient au fil de l'eau, en suivant le courant.

Sébastien Mercier, dans son *Tableau de Paris*, fait une description des filets de Saint-Cloud, et prétend qu'à la suite d'une catastrophe ayant entraîné la submersion d'un grand nombre de personnes, on leva ces filets « afin que rien n'attestât la multitude « des victimes ! »

Dulaure y fait allusion dans son *Histoire des environs de Paris*.

Enfin, on lit dans les *Curiosités de Saint-Cloud* par P. J. C. 1815 : « Lors de la réparation du pont de Saint-Cloud, en 1810, le moulin qui était situé sur l'extrémité voisine de la rive droite fut démoli ; les filets furent enlevés... »

Les filets célèbres eurent même les honneurs de la scène et le 14 novembre 1799, le théâtre des Troubadours de la rue de Louvois donnait la première de *La Journée de Saint-Cloud ou le 18 brumaire*, dont voici le chœur final :

> Du héros, cette journée
> Vaut les plus brillants exploits.
> Il fixe la destinée
> De la France et de ses lois.
>
> Ce favori de la gloire
> La poursuit, l'atteint partout ;
> Même il a pris la victoire
> *Dans les filets de Saint-Cloud.*

Le *Touring-Club* de France va renouer la tradition, en garnissant les accès du pont de Saint-Cloud de filets protecteurs, de filets « aériens ».

A la suite d'accidents survenus en grand nombre, dans le Tarn, le Var, les Alpes-Maritimes notamment, à l'entrée de certains ponts placés à angle droit, au bas de descentes rapides, pour éviter aux cyclistes des plongeons souvent malsains en eau profonde, on a muni ces ponts d'armatures en fer supportant de vastes filets destinés à recueillir éventuellement ceux qui manquent leurs tournants.

Le résultat a été excellent et l'on va généraliser la mesure.

Et au temps de la belle saison on cueillera à Saint-Cloud, des cyclistes et des autos comme on attrape des papillons !

SOUVENIR DE POÈTE

Depuis quelques jours, le « Pauvre Lélian » a droit de cité dans la nomenclature officielle des voies de Paris. La « Place Paul Verlaine » vient de recevoir les classiques plaques municipales de fonte émaillée bleue.

Cette place a été aménagée au sommet de la célèbre « Butte aux Cailles », à l'endroit même où, pendant de longues années, se voyaient les hangars délabrés d'un puits artésien... qui refusait obstinément de fournir de l'eau.

La « Place Paul Verlaine » va être plantée d'arbres. Les oiseaux du voisinage y viendront gazouiller et ceci réalisera le vœu du poète :

> Sur cet arbre, été comme hiver,
> Un oiseau vient qui chante clair
> Sa chanson tristement fidèle...

que Verlaine formulait dans son dernier sonnet, daté de l'hôpital Broussais, le 3 octobre 1893...

Evidemment, le « petit-fils de Villon », ainsi qu'il s'intitulait lui-même — car, dans ses vers, il se repent de sa « conduite inconsidérée » —; le pauvre fourvoyé de la Commune qui, pendant vingt ans, erra d'hôpital en hôpital et de café en café ; l'auteur des *Fêtes Galantes* qui se convertit au cours d'une retraite faite chez les Chartreux de Montreuil-sur-Mer ; évidemment Paul Verlaine ne prévoyait pas qu'un jour son nom brillerait sur l'une des places de Paris !

———————

AU JARDIN DES OMBRES AUGUSTES

Un quartier qui se transforme. — Les « Champs-Elysées de la Rive-Gauche ». — Au Dépôt des Marbres. — Majestés passées... — L'aigle et les pigeons. — La « Vacherie ». — Napoléon Ier, Louis-Philippe et M. Jean Jaurès...

... S'il est un quartier de Paris dont on puisse dire qu'il fait « peau neuve », c'est assurément celui du « Gros-Caillou » qui réunit, en bordure de la Seine, les Invalides au Champ-de-Mars.

Le « Gros-Caillou » ? Dénomination amusante et curieuse ; énigmatique aussi, qui a fort exercé la sagacité des étymologistes, lesquels ont fini par admettre ceci : le nom de « Gros-Caillou » rappellerait l'ancienne borne ou *long gré* qui, à la hauteur de notre actuelle avenue Bosquet, séparait jadis les territoires appartenant à l'abbaye de Sainte-Geneviève de ceux relevant de Saint-Germain-des-Prés. Acceptons cette explication...

Donc, au « Gros-Caillou » tout s'en va ;

tout se transforme. Sur les terrains de l'ancien Hôpital Militaire, sept ou huit rues se sont ouvertes. La manufacture des tabacs est condamnée et bientôt les Magasins d'habillement de l'Armée émigreront hors Paris. Sur leur emplacement, toute une ville neuve s'élèvera. On l'a déjà dénommée les *Champs-Elysées de la Rive Gauche*.

*
* *

Un seul témoin des temps passés nous restera — et c'est tant mieux — dans ce quartier Protée. Nous voulons parler du « Dépôt des Marbres » du quai d'Orsay, qu'un aimable chroniqueur parisien, M. Charles Dauzats, a très heureusement baptisé du nom de *Jardin des Ombres Augustes*... C'est, en effet, un asile de paix, une oasis de calme et de verdure : quelque chose comme le Père-Lachaise des Grands Hommes — et aussi de quelques Grandes Dames — qui « ont cessé de plaire » et qui attendent des jours meilleurs. C'est la nécropole des statues... Que de majestés de marbre, que de gloires mortes, en pierre ou en bronze, rencontre-t-on sous les futaies de cet enclos planté d'arbres séculaires !

Voici d'abord l'ancien Napoléon de la colonne Vendôme contemplant de son œil impassible un délicieux petit Louis XVII aux boucles longues...

Puis c'est Louis-Philippe représenté en trois exemplaires : en Lieutenant-général, en Roi des Français, enfin en... Empereur romain, couronné de chêne et de laurier et tenant à la main la fameuse « Charte Constitutionnelle » qui servit de trait d'union entre deux révolutions : 1830-1848...

Puis c'est son fils aîné, l'infortunée victime de la route de la Révolte, le duc d'Orléans qui donnait tant d'espoirs et laissa tant de regrets !...

A côté, le roi Joseph, en grand costume de Cour et, en face de ce parterre de rois, une statue équestre de Napoléon, par Frémiet. Puis, sur une pelouse, encadrée de rosiers du Bengale, deux bustes d'Oliva, datés — heure funeste — de 1870 : Napoléon III et l'impératrice Eugénie. Enfin ce sont les statues colossales, l'*Amérique* et l'*Océanie* qui décoraient, en 1889, l'une des entrées de l'Exposition et qui paraissent, là, quelque peu dépaysées. Ce n'est pas tout. Contre les murs d'un atelier où l'Etat accorde parfois l'hospitalité à des maîtres du ciseau ou de la palette — Rodin, Marqueste, Jean-Paul Laurens, Henri Martin, d'autres encore furent les abeilles de cette ruche d'art — se voient deux grands bas-reliefs de marbre : *Le retour des Cendres de Napoléon I*er et *La France recevant la Charte* — toujours la Charte! — des *mains de Louis-Philippe*. Jadis ils étaient au Conseil d'Etat, celui que brûla la Commune et que remplace la nouvelle gare du P. O.

On s'est amusé dernièrement d'un vautour qui, chaque soir, met en émoi les ramiers de la butte Montmartre.

Ironie des choses et retour des destinées ! Encore dans notre jardin, un aigle immense, mais de pierre, a été posé sur le sol au milieu d'un parterre de fleurs. Cet aigle provient de la démolition de notre feu Palais de l'Industrie, dont il couronnait le porche.

Or, tout à l'entour, des pigeons ramiers,

des nuées de pigeons ramiers, s'ébattent en liberté, auxquels le personnel du Dépôt des Marbres donne la pâture quotidienne. Et alors on peut voir ceci : insouciants, presque impertinents, les ramiers du quai d'Orsay viennent se poser sur l'aigle de pierre qui leur sert ainsi de perchoir. — Pour se donner du cœur, les ramiers de la butte Montmartre devraient bien descendre jusqu'au « Gros-Caillou »...

Enfin, toujours dans cet étonnant *Jardin des Ombres Augustes*, on trouve autre chose encore. Sous l'ombre épaisse d'un bouquet de marronniers s'élève un modeste hangar en bois, aux ais vermoulus, à la toiture branlante, sous lequel se réfugie, en un incroyable pêle-mêle, tout un « bric à brac » de vielleries démodées, de bustes ébréchés et de plâtres effrités...

Ce mélancolique abri s'appelle « la Vacherie » et cette dénomination mérite d'être expliquée.

Aux jours sombres du Siège et de l'Année Terrible, ce hangar servit d'étable à quelques vaches qu'on avait fait venir du dehors et dont le lait était distribué, plusieurs fois par jour, au son d'une cloche grêle qu'on voit encore au faîte du bâtiment, aux habitants du quartier du Gros-Caillou.

Et telle est puissante la force des souvenirs, surtout lorsqu'ils s'appliquent aux choses tristes, que si la destination du bâtiment a changé, sa dénomination évocatrice s'est perpétuée à travers les ans !...

Voilà ce que l'on voit au *Jardin des Ombres Augustes*.

Mais parmi les Ombres on rencontre aussi parfois des vivants... et non des moindres. L'autre jour, nous y croisâmes M. Jean Jaurès, l'inlassable tribun albigeois. Il sortait de l'atelier d'Henri Martin, où il avait « posé » pour le tableau qui dut décorer le Capitole de Toulouse. Il s'en allait en chantonnant... peut-être la « chanson qui berça son enfance ? » Et sur son passage il nous a semblé — était-ce une idée ? — que Napoléon Ier fronçait le sourcil et que Louis-Philippe faisait un peu la moue... Oui, ce ne fut, sans doute, qu'une idée...

ARCHEVÊCHÉS D'HIER ET D'AUJOURD'HUI

L'hôtel de la rue de Grenelle que le vénéré archevêque de Paris vient d'être contraint d'abandonner est connu sous le nom « d'Hôtel de Chanac », en souvenir de son premier propriétaire, l'abbé de Chanac, descendant d'une vieille famille dont l'un des membres, Guillaume de Chanac, fut, au XIVe siècle, évêque de Paris, à l'époque où la capitale relevait de l'archevêché de Sens.

Il avait été offert, en 1831, par le gouvernement, à Mgr de Quélen, au lendemain de la triste journée du 14 février, pendant laquelle l'archevêché, situé alors tout contre Notre-Dame, avait été mis à sac et au pillage par une émeute populaire...

Lorsque Jean de Joly, secrétaire des commandements de la famille de Condé, fut chargé, vers 1772, de diriger les travaux du palais — notre actuel Palais-Bourbon — que le fastueux prince Louis-Joseph faisait élever sur les rives de la Seine, à l'extrémité de l'ancienne « Grenouillère », il obtint de son maître l'autorisation de se ménager, dans le voisinage, une demeure d'où il lui serait facile de surveiller de près les travaux entrepris.

L'endroit choisi était situé en haut de la rue de Bourgogne, à droite en venant de la rivière, sur l'emplacement des « Ecuries de la Reine » récemment transférées aux Tuileries.

L'hôtel de Jean de Joly existe toujours et son ordonnancement n'a guère varié depuis qu'il fut construit. C'est lui qui abritera désormais l'archevêque de Paris. Et les deux demeures sont contiguës...

LE « PARAPLUIE DU PRÉSIDENT »

Le « président » c'est, en l'espèce, M. Antonin Dubost. Quant au « parapluie », il n'est fait ni de soie, ni de *silésienne*, ni de vulgaire cotonnade ; c'est un parapluie purement symbolique.

Entre le Petit-Luxembourg où réside le président du Sénat et le Grand-Luxembourg où siègent nos Pères Conscrits, la distance est assez longue. Lorsqu'il fait beau, il n'y a aucun inconvénient pour le président à la franchir à travers les délicieux jardins qui séparent les deux palais. Il en irait différemment en cas de pluie, — le frac présidentiel en souffrirait... Aussi eut-on l'idée, il y a quelques années, de réunir les deux palais par une galerie située à la hauteur du premier étage, en bordure de la rue de Vaugirard. Cette galerie aboutit directement, par une porte discrète, à la salle de la commission des finances, et de là au fauteuil présidentiel.

Il en résulte pour le président un détour assez long ; mais, grâce à ce couloir « conservateur », l'habit, la cravate blanche et le « haut de forme » présidentiels sont à l'abri de toutes les intempéries... Et voilà pourquoi ce couloir est universellement désigné, au Sénat, sous ce nom pittoresque et amusant : *le parapluie du président.*

On a de l'esprit — parfois — à la Chambre-Haute....

LÉGENDES

La « Tombe-Issoire ». — Le roman de « Guillaume au Court-Nez ». — Combat singulier. — La mort du géant. — Au seuil des Catacombes. — Madame de Mailly et lo « Croix Gastine ».

A l'instar de ce personnage des *Fâcheux* qui rêvait de mettre toutes les côtes de France en « fameux ports de mer » — son rêve a été presque réalisé depuis ! — nos édiles, en attendant que les fortifications de Paris soient rasées définitivement, ne rêvent plus que d'y pratiquer des portes nouvelles, d'y faire de larges saignées, de les percer de part en part, à la demande des communes limitrophes qui veulent, à l'envi, se souder directement à « Paris la grand'ville ». Depuis trois ans, six portes nouvelles ont été ouvertes dans l'enceinte fortifiée.

Aujourd'hui, c'est le Grand-Montrouge qui réclame sa porte. On va la lui donner. Elle sera percée dans l'axe même de la rue de la *Tombe-Issoire.*

Ce petit fait ne semble en apparence n'avoir que la très mince valeur d'une simple opération de voirie municipale. En réalité, c'est toute une page de nos vieilles chroniques parisiennes qu'il évoque et, avant que la pioche ouvre la porte, prenons notre couteau pour découper ce feuillet d'histoire...

*
* *

La *Tombe-Issoire* ? Que signifient ces deux mots dans lesquels le macabre et l'auvergnat semblent s'amalgamer à doses égales ? Bien peu de personnes le savent encore que tout un quartier de Paris — il est lointain, sans doute ! — se réclame de ce parrainage. Voyons donc.

Nous sommes au temps de Louis le Débonnaire. Un géant sarrasin, du nom d'*Isoire* ou d'*Isoré*, dont on ne prononce le nom qu'avec terreur, s'avance à la tête de quinze mille combattants pour mettre la capitale en état de siège.

> Paris estoit à cel jor moult petite,

ainsi qu'il est dit dans la geste, le *Moniage de*

Guillaume, que M. Paulin Pâris nous a fait connaître. La ville fut donc facilement entourée.

Louis en fut fort inquiet. Mais il avait eu le temps, avant l'investissement, de dépêcher l'un de ses bons chevaliers vers le seul capitaine qui lui semblât pouvoir tenir tête au géant sarrasin, Guillaume *au Court Neʒ,* d'un vilain visage mais d'un courage à toute épreuve, qui, dans ce même temps, se reposait de guerroyer en ses terres de Bourgogne.

La frayeur du roi redoublait d'intensité lorsqu'il apprit enfin que Guillaume arrivait de Bourgogne par le chemin d'Orléans :

> Prespassa Aucerre, Orléans et Estampes
> Prusques Paris ne volt oncques attendre.

*
* *

Raoul de Presles nous apprend dans sa Chronique que, trouvant les abords de la ville bien gardés, surtout du côté du sud, où le géant se tenait en un lieu dit *Montsouris,* Guillaume, pour le tourner, traversa la rivière de Seine, un peu en aval de Paris — entre Vaugirard et Issy — et vint heurter à une porte oubliée sans doute par les gens du farouche Isoire.

« La sentinelle le laisse approcher et lui
« indique même la maison où il pourra
« trouver gîte jusqu'au jour :

> Ici amont...
> A un fossé qui est grant et plenier
> A un fossé qui est grant et viez
> Uns povre home est illoc hébergié...
> Or, sorès là trusqu'à l'aube esclairier. »

Ce « povre homs », qui s'appelait Bernard, fit bon accueil à Guillaume *au Court Nez* qui lui donna cent sous d'argent pour aller en ville lui acheter des vivres :

> Bernard s'en vet là-dedans en la cit,
> Vers Petit-Pont atorne son chemin,
> Chapons achate et pluviers et perdris,
> Pain buleté, del poivre, del cumin,
> De la candelle ne mist pas en obli,
> Clov de girofle et pomes de jardin,
> Foin et avoine au bon destrier de prix...

Ainsi lesté, Guillaume, monté sur son « destrier de prix », alla défier le géant Isoire dans son camp retranché de Mont-souris et, après un corps à corps mémorable, réussit à l'étendre inanimé à ses pieds.

Les assiégés, revenus de leur frayeur, sor-

tirent en foule de la ville et, en mesurant le
cadavre, ils trouvèrent, dit la version en
prose du roman de *Guillaume au Court-Nez*,
« que, sans la teste, povait bien avoir XV
piés de longueur »...

Le roman ajoute : « Si, puelt-on voir encore
« le lieu où Guillaume le laissa mort ; car
« au propre lieu y ordonna le roy et filt faire
« une tombe, par quoy on l'a toujours sceu
« depuis et cogneu, scet l'on cognoist encore
« et en sera perpétue mémoire. »

Et, de fait, le souvenir de ce combat singulier, dans lequel tout ne relève pas de la
légende, n'est-il pas parvenu jusqu'à nous ?
Une longue et morne rue, suite du faubourg
Saint-Jacques, a conservé le nom, quelque
peu sibyllique, de la *Tombe-Issoire*. C'est
cette rue même qui va être prolongée jusqu'à
Montrouge au moyen de la nouvelle porte
qui sera ouverte à travers le mur d'enceinte.

*
* *

Quant à la tombe d'Isoire, elle subsista
jusqu'aux premières heures de la Révolution.
Elle servait d'entrée principale aux Cata-

combes, dont elle était en quelque sorte le vestibule. En 1788, lors de la désaffectation du cimetière des Innocents, on porta à la *Tombe-Issoire* tous les restes réunis dans l'immense ossuaire de la rue Saint-Denis, et entre autres ceux de la célèbre marquise de Mailly, sur qui la faveur de Louis XV s'était attachée un moment et qui mourut en 1751. On y transporta également la célèbre *Croix Gastine*, sur laquelle Jean Goujon avait ciselé un relief représentant « le Triomphe du Saint-Sacrement ».

La *Croix Gastine* surmontait le tombeau d'Isoire et marquait l'entrée des Catacombes.

A la Révolution, tout cela fut vendu au titre de : « bien national ». La *Tombe-Issoire* disparut ; la *Croix Gastine* fut renversée et, sur cet emplacement, Héricart de Therry nous dit — la Révolution en mettait partout ! — qu'on construisit une salle de danse...

...De nos jours, on n'y voit plus qu'un petit édicule municipal ; c'est le kiosque servant de point « terminus » aux omnibus venant du square Montholon.

Chutes sur chutes !

LE POMPIER DE SERVICE

La ville entretenait jusqu'en ces derniers temps un poste de pompiers dans une annexe du Palais-Bourbon.

Elle voulait le supprimer complètement par mesure d'économie, mais la questure est intervenue et il a été convenu qu'un « pompier de service » y demeurerait désormais en permanence, moyennant une indemnité annuelle de 1.000 francs, payée sur le budget particulier de la Chambre.

Plus encore que son voisin, le ministère de la guerre, le Palais-Bourbon doit redouter un incendie : papiers et « fiches », sans parler des questions... brûlantes. La présence d'un pompier en ces parages est tout indiquée.

Et voilà comment le Palais-Bourbon conservera son unique pompier qui, sans doute, à l'instar du lièvre mémorable, aura le loisir de se livrer à de solitaires songeries.

Car que faire en un *poste* à moins que l'on ne songe ?... Rêves qui s'en iront en fumée... Mais espérons que, pour cette fois — et contrairement au proverbe — il pourra y avoir de la fumée sans feu...

A CHAILLOT...

Paris possède une rue Alboni, sur les confins du Trocadéro, dans le *West-End*, et une rue Albouy, près du Château-d'Eau. La valeur phonétique de ces deux rues est presque identique ; il en résulte de fréquentes erreurs.

La rue Alboni est une jeune venue dans la voirie parisienne ; elle ne date que de 1894, époque à laquelle mourut la grande artiste — elle fut aussi une grande bienfaitrice — qui lui donna son nom. Il ne saurait être question de la débaptiser, mais, pour éviter à l'avenir toute erreur le nom d'Alboni s'adornera désormais, sur les plaques municipales, d'un simple article supplémentaire : *l'*. Elle s'écrira désormais :

Rue de l'Alboni.

nom sous lequel, d'ailleurs, la grande cantatrice fut applaudie au théâtre.

Déjà, « d'un mot mis en sa place », Malherbe nous avait « enseigné le pouvoir ».

Le conseil municipal complète notre éducation.

Puisque nous parlons de ce coin de Paris, notons ceci. Au pied de la nouvelle rue de l'*Alboni*, s'ouvre une vaste terrasse transformée en square, plantée d'arbres, semée de gazons, de rocailles et d'escaliers rustiques, bordée, sur deux de ses côtés, de somptueux immeubles aux resplendissantes façades ; le tout formant un ensemble riant et riche au possible...

Mais traversez le square dans sa longueur et en bas de la terrasse en question vous trouverez, tapi au pied des triomphantes assises du square, un coin presque insoupçonné du Vieux-Paris de nos pères, oublié là, comme par mégarde. Masures délabrées, toits fous, couverts de tuiles moussues, avec d'amusantes fenêtres en ogive..., il y a là, avec les rutilantes élégances toutes modernes du square de l'Alboni, un contraste brusque et sans transition du plus curieux et du plus intéressant effet... Ces bâtiments délabrés sont les derniers restes de la ferme des *Minimes* — les *Bonshommes* de Chaillot —

dont la chapelle fut fréquentée par Louis XVI
et par Marie-Antoinette lorsqu'ils résidaient
à la Muette.

Derrière la ferme des Minimes — dont la
cour aux pavés pointus laisse encore voir un
puits à margelle avec ferronnerie du
XVIᵉ siècle — et qui s'ouvre au numéro 9 de
la rue Beethoven (ancienne rue bien justement dénommée : de la *Montagne* — car elle
est fort escarpée) se voient encore les soubas-
sements massifs d'un vieux Château fort qui
défendait les berges de la Seine... « aux
temps où la reine Berthe filait ». Cette
« vision lointaine » se perçoit très aisément
du haut des balustrades du boulevard
Delessert, lequel domine, en encorbelle-
ment, toutes ces choses d'antan. Mais on va
utiliser, bientôt, ces vieux terrains plus ou
moins vagues et qui valent leur pesant d'or...

En même temps disparaîtra, tout à côté,
le dernier vestige de l'ancienne barrière de
Passy.

C'est, au coin du quai de Passy et de la rue
Beethoven précitée, l'ensemble des bâtiments formés par le « Restaurant du Médoc »,
sa vaste cour entourée d'écuries et de remises

et ses petites boutiques où les voyageurs arrivant dans la capitale pouvaient, dès le seuil, s'approvisionner de menus articles de Paris.

Ce « Restaurant du Médoc », dont la cave était renommée et où l'on venait jadis en partie fine souper ou simplement manger des fritures de Seine, a gardé sa pittoresque silhouette d'antan.

Bientôt il ne restera plus rien dans ce vieux coin de Paris. Des garages à autos remplaceront sous peu les étables où Franklin, au temps qu'il habitait Passy, allait boire, chaque matin, sa tasse de lait et à la place des puits à margelle, des poulies grinçantes et des fenêtres en ogive, nous verrons — hélas ! — des ascenseurs électriques et des *bow-windows !...*

TOUT CE QUI RELUIT N'EST PAS OR...

Connaissez-vous la rue Caillaux ? Vous avez le droit de l'ignorer, car elle est fort lointaine et ses élégances ne rappellent que très insuffisamment les élégances de la rue de la Paix...

Elle se cache, sombre et hostile, tout au fond de la Maison-Blanche, au pied des fortifications, dans le voisinage de ce triste passage des « Malmaisons » où, naguère, la tuberculose infantile causa ses ravages, et où la charité privée vient d'élever un hôpital pour les pauvres petits malheureux du quartier.

Quel fut au juste le M. Caillaux qui servit de parrain à notre rue ? On n'a pu nous fixer exactement sur ce point. Nous avons simplement noté ceci. Elle aboutit à la barrière de Choisy et ses échos retentissent sans cesse de ces mots : *Vous n'avez rien à déclarer ?* prononcés par les employés de l'octroi voisin. C'est une formule que notre ministre

des finances, M. Caillaux, affectionne particulièrement.

Alors, le parrain ? Serait-ce lui ?...

En tout cas, cette rue est fort pauvre, malgré
qu'elle porte le nom de notre « Argentier »,
qui nourrit à l'endroit de l'Impôt sur le
revenu et le système de la Déclaration une
si immodérée tendresse...

AUTOUR DE PORT-ROYAL

Hymne à la Liberté. — Les dires du sieur Michel. — Loisirs de prisonniers. — Concours de « bouts rimés ». — Un mot de Malesherbes.

Peu à peu, l'un après l'autre, les vieux pavillons de l'abbaye de Port-Royal — aujourd'hui hôpital de la Maternité — disparaissent sous les coups des démolisseurs.

L'autre jour, en voyant tomber l'un des bâtiments délabrés qu'avait édifiés là, en 1625, la mère de Marie-Angélique Arnauld, le souvenir de l'un des plus curieux chapitres du très rare opuscule : le *Tableau des Prisons de Paris sous Robespierre*, nous revenait à l'esprit. C'était le pavillon que la Révolution avait placé sous le vocable de l'*Unité* qui s'en allait en poussière...

*
* *

Lorsque la Révolution s'empara de Port-Royal, elle commença par le transformer en

« Port-Libre », et pour confirmer cette dénomination, elle inscrivit — avec une gravité
qui n'excluait pas l'ironie, — sur le fronton
de l'édifice désaffecté, cette lapidaire inscription :

L'homme libre chérit la liberté
Lors même qu'il en est privé.

C'est que, au nom de la Liberté, « Port
Libre » était devenu une... prison politique
et l'antichambre de l'échafaud.

*
* *

La Révolution avait trouvé à Port-Royal
des cellules, des grilles et des verrous. Elle
n'eut donc pas à modifier sensiblement la
disposition des lieux pour les mettre en
harmonie avec la destination nouvelle qu'elle
leur avait donnée... Elle se contenta de s'assurer de la solidité des murs... et de remplacer les attributs religieux qui décoraient
le fronton du couvent par la maxime que
nous venons de rappeler.

Les femmes furent placées au pavillon de
l'*Unité*. Les hommes occupèrent le pavillon
de l'*Indivisibilité*.Comme le régime cellu-

laire n'était pas appliqué à « Port-Libre »,
les détenus y jouissaient — en comparaison
de ce qui se passait à l'Abbaye ou à la
Force — d'une vie relativement paisible et,
le soir venu, les détenus — hommes et femmes — se réunissaient dans un troisième pavillon placé, celui-ci, sous le parrainage des
Sans-Culottes.

Le « sieur Michel », chez lequel, 36, rue
Haute-Feuille (*sic*), s'édita notre intéressant
Tableau des Prisons, décrit ainsi cette « vie
de famille » : «... De la bonne société ; de
« l'excellente compagnie ; des égards et des
« attentions pour les femmes... on aurait dit
« qu'on était tous (*sic*) qu'une seule et même
« famille réunie dans un château ».

Voilà de l'euphémisme...

*
* *

Quoi qu'il en soit, les veillées du pavillon
des *Sans-Culottes* n'allaient pas sans un certain agrément. Dans la grande salle commune, « chauffée par deux poêles », nous dit
Michel, chacun apportait sa lumière. Les
femmes s'asseyaient autour des tables pour

« travailler aux ouvrages de leur sexe », les unes brodant, les autres tricotant. Les hommes écrivaient ou devisaient. L'un des détenus, le baron de Witenbach, jouait de la viole d'amour, et y excellait ! Le poète Vigée y lisait son *Epître à Contat* ou des fragments de la *Vivacité à l'Epreuve*, « comédie en trois actes ».

* *
* *

On y faisait aussi des « bouts-rimés »... Un soir, Madame Guégan — l'une des détenues — indique les rimes suivantes :

Plaisir, — *Loisir*, — *Rebelle*, — *Fidèle*, — *Douleur*, — *Aigreur*, — *S'amuse*, — *Ruse*.

Vigée les remplit ainsi :

Un songe, sous vos traits, m'offrait le doux *plaisir* ;
Je m'approche, le vois, le contemple *à loisir*.
A mes vœux, m'écriai-je, ah ! ne sois point *rebelle* !
Je porte une âme pure, un cœur tendre et *fidèle*.
En ces lieux où je suis en proie à la *douleur*
Par grâce, de mes maux, daigne adoucir l'*aigreur* !
Je m'éveille... L'amour ainsi de nous *s'amuse*
Et le plus grand bienfait souvent cache une *ruse*. .

Un autre concurrent, Montmorency-Laval,

— qui n'était pas poëte, lui — s'en tira aussi bien... Voyez plutôt :

> Au fond de la prison est encor le *plaisir* ;
> L'amour peut éclairer notre sombre *loisir*.
> Ce dieu, toujours enfant, et rarement *fidèle*,
> D'un seul de ses regards soumet un cœur *rebelle*.
> Il dispense aux mortels la joie et la *douleur* ;
> Des maux les plus cruels il adoucit l'*aigreur*,
> Mais il tourmente aussi le couple qu'il *amuse*
> Et sourit, dans les airs, du succès de sa *ruse*...

...Quelques jours plus tard, le duc de Montmorency-Laval, condamné comme complice de la « Conspiration de l'Etranger », était conduit, en chemise rouge, à l'échafaud. C'était le 27 prairial an II, (17 mai 1794)... Plus heureux, Vigée échappa au massacre ; il devint lecteur du roi Louis XVIII.

*
* *

Avant de quitter « Port-Libre », rappelons un dernier souvenir. Malesherbes y fut enfermé. Lorsque le défenseur de Louis XVI y parut, l'un de ses anciens employés du ministère de l'intérieur, devenu gardien de la prison, le reconnut et lui dit :

— Vous ici, monsieur ?

— Oui, mon cher, répondit fièrement le vieillard. Je deviens un mauvais sujet sur la fin de mes jours et je me suis fait mettre en prison...

Malesherbes ne devait pas y rester long-temps. L'échafaud le guettait lui aussi...

...Et voilà comme quelques pierres qui tombent là-bas, à Port-Royal, font revivre quelques-uns des plus sanglants chapitres de notre histoire !

FIACRES ET « SAPINS... »

Une décision que vient de prendre la commission du Vieux Paris nous rappelle quelle fut l'origine du mot « fiacre » adapté à nos voitures publiques.

On va procéder au nettoyage et à l'isolement par un filet bleu — de façon à la mettre bien en évidence — d'une vieille inscription placée, à l'entrée de l'*Impasse Saint-Fiacre,* au numéro 81 de la rue Saint-Martin.

Cette inscription qui se présente ainsi :

CUL DE SAC

III FIACRE

10ᵉ

est intéressante à plusieurs titres.

Elle rappelle d'abord que le ciseau révolutionnaire, dont les traces sont encore visibles sur la pierre, est passé par là pour *laïciser* à son tour, — en supprimant le mot « saint » — la vieille impasse englobée à l'époque dans la « dixième section ».

Elle évoque ensuite le souvenir de la première remise de voitures publiques qui s'établit à Paris, en cet endroit même, vers 1660, à l'enseigne de *Saint-Fiacre*, et d'où nos véhicules parisiens tirèrent leur nom de « fiacres ».

Mais cela n'explique pas encore le vocable : *Sapins !*

SUR DEUX PLAQUES DE MARBRE NOIR

Il n'est pas à Paris, de promenade que préférât le pauvre J. K. Huysmans à celle des rives de la Bièvre. Nous la faisions, l'autre jour, cette promenade, son livre à la main. Et tout en déambulant autour de la *Glacière* nous avons noté qu'on vient de démolir, boulevard Arago, à l'endroit où la Bièvre se perd sous Paris et tout près du vieux « Logis » de Blanche de Castille, une antique demeure dont l'un des chapiteaux portait, fiché dans ses flancs, un obus, un obus prussien de l'Année Terrible.

De chaque côté de cet obus on vit, pendant bien longtemps, deux plaques de marbre noir dont l'une portait ces mots :

L'AN 1228,
LA CIVILISATION COMMENCE.
LA REINE BLANCHE RÉGENTE,
SAINT LOUIS ROI

L'autre était ainsi libellée :

L'AN 1871,

LA CIVILISATION A SON APOGÉE.

GUILLAUME Ier

EMPEREUR D'ALLEMAGNE.

Et ce petit chapitre d'épigraphie parisienne, et d'ironie cruelle, méritait peut-être une mention...

LUCARNE HISTORIQUE

Pour le prolongement de la rue du Louvre, on éventre en ce moment la rue d'Argout qui ne tient son nom actuel que depuis 1867, date de la mort de M. le comte d'Argout, gouverneur de la Banque de France, sa voisine. Auparavant c'était la rue des « Vieux-Augustins » dont le couvent s'élevait au point où elle se joint à la rue Montmartre. Elle date de l'an 1285 et était alors « hors Paris ». Or sur la façade de la maison portant le n° 57 de la rue d'Argout (ancien 17 de la rue des Vieux-Augustins), une large bande de toile blanche s'étale qui porte ces mots :

Matériaux de démolition à vendre.

Les historiens de Paris se sont mis d'accord sur l'identification de cette maison. C'est bien celle où descendit la petite-nièce de Corneille, Marie-Anne-Charlotte Corday d'Armont, née au diocèse de Sèez, lorqu'elle arriva de sa province à Paris, pour « commencer la purification de la France ». C'est, paraît-il, en lisant la condamnation des neuf pères de famille d'Orléans exécutés par les tribunaux révolutionnaires qu'elle alla au Palais-Royal, chez le taillandier Badin, acheter moyennant « 40 sols », le couteau avec lequel elle devait frapper Marat dans sa baignoire, le 13 juillet 1793. Charlotte Corday occupait, en cette maison, alors dénommée : *Hotel de la Providence* la chambre n° 7.

C'est celle qu'éclaire, sous les combles, une petite lucarne, toujours en place, sur le rebord de laquelle Charlotte dût s'accouder souvent, absorbée dans ses rêves et méditant son rôle de justicière...

Jugée et exécutée quatre jours plus tard, Charlotte fut, on le sait, défendue par Chauveau-Lagarde auquel la Reine-Martyre et madame Elisabeth avaient confié leurs causes et qui mérita si justement d'avoir à son nom une rue toute proche de la Chapelle Expiatoire...

Chauveau-Lagarde se chargea de solder les petites dettes que Charlotte Corday avait laissées et, détail curieux, on retrouva, dans la chambre n° 7, la facture de l'*Hôtel de la Providence*, s'élevant à 44 livres 8 deniers.

Cette pièce mériterait d'enrichir les cartons de notre incomparable bibliothèque de la Ville aux destinées de laquelle M. Marcel Poète préside avec un tact si parfait.

Quant aux « matériaux à vendre » parmi eux figurera, sans doute, la petite lucarne en bois de la chambre n° 7.

Où ira-t-elle?

———

SALPÊTRIÈRE

L'une des perspectives les plus familières aux Parisiens rentrant dans la capitale par le réseau d'Orléans était celle du dôme, original et trapu, avec ses douze pans coupés, de la Salpêtrière. En quelques semaines, cet aspect a changé du tout au tout. Sur les beaux jardins qui séparaient l'hospice de la voie ferrée une immense bâtisse, haute de huit étages, faite de briques et de « ciment armé », est sortie de terre et masque désormais totalement le beau dôme en question.

Les nouveaux bâtiments vont servir d'annexe à l'hôpital de la Pitié, et la Salpêtrière qui, avec ses quatre mille malheureuses pensionnaires, constituait le *plus grand établissement hospitalier de l'Europe*, va prendre les proportions d'une véritable ville.

Ville de tristesse et de malheur !...

On sait que l'hôpital de la Salpêtrière fut édifié sur l'emplacement d'un ancien arsenal où se fabriquaient avant Louis XIV, les

« Poudres et Salpêtres » du Royaume. Le dôme dont nous parlons, qui recouvre la belle église placée sous le vocable de Saint Louis, fut construit par Libéral Bruant. C'est même son chef-d'œuvre.

RUE SOUTERRAINE

A l'instar de Londres, qui possède un sou-
terrain immense dans lequel s'engouffrent
d'énormes tramways électriques réunissant
Holborn aux quais de la Tamise en passant
sous le Strand, Paris va avoir sa rue souter-
raine. Elle sera constituée par la rue Volta
prolongée, laquelle réunira désormais la rue
Réaumur au boulevard Saint-Martin (en face
l'Ambigu), en passant, « en tunnel », sous les
rues Notre-Dame-de-Nazareth et Meslay,
dont le sol, on le sait, commande, en sur-
plomb, la chaussée du boulevard.

La rue nouvelle comprendra, sur son parcours, le sol du passage du « Pont-aux-
Biches » auquel on accède actuellement par
un escalier très raide et dont la dénomination curieuse rappelle le pont qu'on avait,
jadis, jeté là sur un fossé bourbeux, et dont
la largeur suffisait à peine au passage des
biches...

Cette rue, unique dans les fastes de la voirie

parisienne, sera des plus curieuses. Les travaux commenceront incessamment.

Le cours du fossé qui, naguère, ceignait Paris de ce côté nous est encore rappelé par les rues du « Pont-aux-Choux » (boulevard du Temple) et l'impasse de la « Planchette » (porte Saint-Martin).

Mais où sont « Biches », « Choux » et « Planchette » d'antan ?

LE MOULIN JOLI

Du feu, de la fumée, des cendres... — Pleurez, nymphes de la Seine ! — Henri Watelet, philosophe, peintre, graveur et paysagiste. — Son élection à l'Académie. — Ce qu'en ont dit Voltaire et Diderot. — Anecdotes sur d'Alembert. — Un jeu de mots de Voltaire. — Visites royales au « Moulin-Joli. » — Marie-Antoinette s'en inspire pour créer Trianon. — Un couplet de Delille. —La fin du « Moulin-Joli ».— Un mot de George Sand.

Pleurez, Sylvains et Tritons ! Et vous, Nymphes de la Seine, voilez-vous la face. L'*Utilisation industrielle des environs de Paris*, votre mortelle ennemie, cette mauvaise fée qui, sans se lasser, vous pourchasse, vient encore de faire des siennes. Elle a jeté le grappin d'accord avec sa complice, la Municipalité parisienne, sur cette délicieuse oasis de fraîcheur et de verdure qu'on appelait l'île du *Moulin-Joli* et qui, sortant des eaux au milieu des steppes désolés dont Nanterre, Colombes, Houilles et Bezons marquent les points cardinaux, jetait sa note apaisante sur ce coin exaspéré de la banlieue parisienne.

La Ville vient d'installer là une usine gigantesque dont les cheminées noirâtres crachent, jour et nuit, des flammes et des fumées qui brûlent, qui dévastent tout sur leur passage. Les arbres meurent et tombent tristement tandis que le petit bras de la rivière qui passe là et où naguère poissons, gros et petits, frétillaient à l'envi, s'est mué en un vaste cimetière pour la gent aquatique impitoyablement empoisonnée par les eaux corrompues qui s'échappent des « dessous » de l'usine maudite...

Pleurez, Sylvains et Tritons ! Et vous, Nymphes de la Seine, fuyez vite vers de moins inhospitaliers rivages !...

*
* *

L'île du *Moulin-Joli* méritait un autre sort. Tout un siècle en a parlé ; il n'est pas un littérateur, pas un « poète à l'iris » qui n'ait vanté, célébré, chanté les merveilles bucoliques que son possesseur, Henri-Claude Watelet, un passionné de l'Art — de l'art des jardins spécialement — avait réunies avec amour en ce coin de terre jadis fortuné.

Disons d'abord un mot du personnage ; nous parlerons ensuite de ses rurales et poétiques créations.

Watelet avait recueilli dans la succession paternelle la charge de receveur des finances pour la Généralité d'Orléans ; mais, fort épris des choses de l'Art, il s'en défit bientôt et vint se fixer à Paris où il se fit de suite une situation en vue. Vicq d'Azyr, qui a écrit son éloge funèbre, a dit de lui que « les sociétés « les plus brillantes recherchaient Watelet « et le fêtaient dans les cercles dont les goûts « étaient opposés : chez Mesdames de Tencin, « de Pompadour et Geoffrin ; chez MM. de « Maurepas, de Caylus et d'Argenson ».

L'*Art de peindre* qu'il avait écrit dès 1760, alors qu'il était encore dans les Finances, lui avait valu, d'abord, les éloges, ensuite l'amitié précieuse de Voltaire et de Diderot.

La Harpe le prisait fort. « En le lisant, « dit-il, on sent le désir de connaître l'au-« teur et d'habiter sa demeure. »

Grimm, lui, trouve que Watelet est « un « philosophe aimable et simple auquel tout « le monde est disposé à s'intéresser ».

Ses mérites littéraires, sa collaboration à

l'*Encyclopédie* — et aussi le bienveillant appui de Madame Jeoffrin et du baron d'Holbach — lui ouvrirent facilement les portes de l'Académie Française. Il y prit séance le 25 janvier 1761, en remplacement de M. l'abbé de Mirabaud, au 37ᵉ fauteuil. C'est M. de Buffon qui le reçut.

*
* *

Une longue et fidèle affection unit également notre héros à d'Alembert. Le caractère particulièrement intime de cette amitié nous est révélé par cette jolie anecdote que nous croyons peu connue.

D'Alembert avait fait exécuter son buste et Watelet — qui était graveur à ses moments perdus — en fit une reproduction en « taille douce ». Il lui adressa son épreuve avec le billet ci-joint : « ... Je me doute bien « de ce que vous ferez de ce buste et j'aurais « pu l'envoyer directement à Mademoiselle « de Lespinasse... mais je veux ajouter à ma « galanterie en la faisant par vos mains. « Comme il n'y a point d'ouvrage parfait, « j'ai hasardé d'ajouter à celui-ci quelques

« traits trop essentiels à la ressemblance pour
« ne pas les lui désirer. Une main plus
« habile les rendrait avec plus d'art ; per-
« sonne au monde avec plus de sentiment :

> « D'Alembert, un ami que ta gloire intéresse
> « Consacre ton image à la postérité.
> « Esprit juste et profond, cœur plein d'humanité,
> « Talent, génie, et vertus et sagesse,
> « Voilà des droits à l'immortalité... »

D'Alembert paya Watelet en retour et lorsqu'il mourut il confia à son ami fidèle l'une des deux copies de sa correspondance avec Voltaire. L'autre, on le sait, avait été remise aux mains de Condorcet. A la mort de Watelet, la première fut saisie dans les papiers de l'ancien receveur des Finances qui furent mis sous scellées, leur détenteur ayant été comptable, pour un temps, des deniers publics. La Harpe assure que cette copie fut brûlée.

*
* *

... Revenons à l'île du *Moulin-Joli*.

Watelet ne se contenta pas d'être poète, peintre et graveur. Il fut aussi architecte-paysagiste. Il avait écrit, en 1771, un *Essai sur les Jardins*, pour réagir contre l'art solennel et froid de Le Nôtre. Cet *Essai,* il le mit — si j'ose dire — « en action », en créant au *Moulin-Joli* un jardin champêtre possédant tous les charmes maniérés qui manquent à Versailles et que Trianon acquit plus tard en les imitant : ménageries, ponts rustiques, collines et vallons factices, arbres entrelacés, temples et *fabriques*, saules pleureurs courbant la tête vers les ondes fugitives... Un « salon à prendre le café » avait été construit à l'ombre de trois peupliers dont l'un portait ces mots gravés sur l'écorce :

> Antiques peupliers, l'honneur de nos bocages
> Ne portez point envie aux cèdres orgueilleux !
> Leur sort est d'embellir les lambris des faux sages
> Le vôtre est d'ombrager l'asile des heureux.

A côté, sur le tronc noueux d'un vieux saule se lisait cette sentence :

> Vivez pour peu d'amis, occupez peu d'espace.
> Faites du bien, surtout ; formez peu de projets
> Vos jours seront heureux et, si ce bonheur passe
> Il ne vous laissera ni remords, ni regrets !

A l'une des extrémités de l'île se trouvait

le moulin — il n'a disparu que tout dernièrement — qui avait donné son nom à cette
jolie retraite. On y trouvait encore une inscription :

> Ah ! connaissez le prix du temps !
> Tandis que l'onde s'écoule,
> Que la roue obéit à ses prompts mouvements,
> De vos beaux jours le fuseau roule.
> Profitez-en mortels ! Ne perdez pas d'instants !

*
* *

L'abbé Morellet, cet écrivain caustique
dont la verve amusait fort Voltaire au point
qu'il fit sur lui cet amusant jeu de mots :
Mords-les ! Mords-les ! — Morellet, dans
ses *Mémoires*, a décrit la société de littéra-
teurs, de savants, de personnages distingués
et d'étrangers illustres qui fréquentèrent au
Moulin-Joli, partageant leurs loisirs entre ce
charmant endroit et la modeste demeure de
Saint-Lambert à Eau-Bonne, le château de
Madame Necker à Saint-Ouen, la maison de
Madame Helvétius à Auteuil.

Bien plus, le *Moulin-Joli* fut honoré de la
visite royale. « Ce jardin, nous dit Grimm
« dans sa *Correspondance littéraire*, a été

« fort à la mode tout cet été (1774). Le Roi a
« pris la peine de le visiter dans le plus grand
« détail. *La Reine s'y est promenée plusieurs*
« *fois* avec les princes et leur exemple a été
« suivi de tous... »

Enfin, le chantre des Jardins, Delille, ne
pouvait manquer de célébrer ces sites délicieux. Il le fit en ces termes :

> Tel est, cher Watelet, mon cœur me le rappelle,
> Tel est le simple asile où, suspendant son cours,
> Pure comme tes mœurs, libre comme tes jours,
> En canaux ombragés la Seine se partage
> Et visite en secret la retraite d'un sage...

*
* *

... Ce « sage » mourut comme il avait vécu :
en pleine sérénité. Il s'éteignit d'une manière
insensible et « expira sans douleur, en
croyant s'endormir » nous dit Vicq d'Azyr.
Sa fin arriva le 12 janvier 1781. Watelet eut
pour successeur à l'Académie l'auteur du
Philosophe sans le savoir, et Sedaine termina
l'éloge de son prédécesseur par le couplet suivant :

> Consacrer dans l'obscurité
> Ses loisirs à l'étude, à l'amitié sa vie,
> Voilà des jours dignes d'envie.
> Etre chéri vaut mieux qu'être vanté...

Ce quatrain, Sedaine l'avait copié sur l'écorce d'un pont rustique du *Moulin-Joli*. Il était encore de Watelet !...

Dans l'une de ses *Lettres d'un Voyageur*, George Sand a consacré au peintre-graveur-paysagiste-poète quelques lignes charmantes dans lesquelles elle raconte l'histoire de Watelet « qui, toute sa vie, vécut heureux « au *Moulin-Joli*, avec la créature aimée, « et dans une telle tendresse mutuelle, qu'ils « n'entendirent pas sonner les heures, n'eu- « rent pas conscience de la course des années « et se retrouvèrent, au soir de la vie, en « cheveux blancs, assis, l'un auprès de « l'autre, devant leur table à graver. » Et elle les compare à Philémon et à Baucis...

... Ce pauvre Watelet ! Il avait pensé à tout, mais il n'avait pas prévu cette plaie de notre époque de barbare progrès : « l'uti- lisation industrielle des environs de Paris ! »

« CARABAS » ET AUTOS

Un hôtel très curieux et très caractéristique est en voie de démolition à l'angle du Cours-la-Reine et de la rue Jean-Goujon.

Avec sa rotonde soutenue par d'élégantes colonnes et ses deux étages surmontés d'un attique, il rappelait un peu le bijou architectural qu'est notre Bagatelle et, tout centenaire qu'il était, il faisait encore fort bonne figure... Hélas ! on va lui substituer quelque énorme bâtisse d'une navrante banalité moderne.

Ce joli hôtel datait de l'époque où la belle Madame Tallien mit à la mode *l'allée des Veuves* (aujourd'hui avenue Montaigne). Il servit pendant longtemps de résidence à Madame la duchesse de Berghes.

A la fin du règne de Louis XVI c'était en cet endroit exactement que s'élevait le bureau des « Carabas », dont Mercier nous parle dans son *Tableau de Paris*. Vous savez bien : ces fameux « Carabas » dans lesquels on

« grillait » quand il faisait chaud, alors qu'on était « trempé comme une soupe » quand il pleuvait, et qui mettaient six heures pour gagner Versailles ! Et cela était considéré comme une belle « performance »...

Nous avons fait mieux depuis et, tout de même, dans les « petits jaunes » électriques du Pont de l'Alma, on est un peu moins mal que dans les « Carabas » qui naguère relayaient là...

———

LE « TEMPLE DE L'AMITIÉ »

Au moment où l'on s'occupe de remettre sur la scène *Adrienne Lecouvreur*, l'occasion nous paraît bonne de rappeler un souvenir, presque inconnu, de la célèbre amie de Maurice de Saxe.

Au fond d'un grand jardin entourant un vieil et aristocratique hôtel de la rue Jacob s'élève un petit temple de pierre dont le fronton, supporté par quatre colonnes, est orné de ces mots :

A L'AMITIÉ

Deux statuettes de « Grâces » accompagnent cette inscription qu'entoure une guirlande de laurier... Cet ensemble architectural, à demi caché sous de discrets ombrages, est charmant. Le jardin où il s'élève faisait jadis partie de celui de l'hôtel de Rânes, où la belle Adrienne résida, 17, rue Visconti, et ce temple, bien oublié de nos jours, fut érigé par Maurice de Saxe en l'honneur de la séduisante comédienne.

Seuls quelques « vieux Parisiens » érudits connaissaient, jusqu'ici, ce souvenir discret et touchant d'une amitié qui fut célèbre.

MM. Lenôtre et Georges Cain se reconnaîtront sans doute parmi ces Parisiens, « vieux », non ; mais érudits, certes...

NOUS N'IRONS PLUS AU CIRQUE...

...Cela peut se chanter ! Mais pour beaucoup, chez les tout-petits principalement, cela se chantera avec des larmes dans la voix... Le Cirque d'Hiver va fermer ses portes. Un odieux cinématographe y remplacera l'exercice du « panneau », les exploits du « Jockey d'Epsom » et les bonnes *clowneries* qui divertirent si fort notre enfance !

A l'extérieur, l'apparence du Cirque ne sera pas modifiée. Son fronton continuera de s'orner des deux gracieuses statues équestres de Guillaume, dont l'une représente la femme de l'écuyer Lejars, Antoinette Cuzent, écuyère elle-même, alors dans tout l'éclat de sa beauté, de sa souplesse et de son talent...

Mais, à l'intérieur, que de bouleversements ! Les écuries qui s'étendaient jusqu'à la rue de Crussol vont être jetées bas. Les chevaux — étalons « Trakènes », juments au poil luisant — ont fui ces parages. Seuls, sur les murs, quelques cartouches rappellent encore le nom de ces anciennes célébrités de la piste sablée : *Nadir, Waverley, Fille de l'Air*, *Rob-Roy*, *Babylas*... bien d'autres !

Démolie aussi la belle fontaine à l'entablement sculpté naguère par Pradier dont la vasque de marbre remplie d'une eau limpide provoquait les hennissements des « nobles bêtes » ramenées de la piste, à coups de chambrière, le flanc palpitant, les naseaux frémissants sous les applaudissements d'une salle en délire...

Le cirque qui se transforme avait été construit en 1852 par Dejean, sur les terrains d'un immense chantier de bois dont les piles recouvraient une ancienne « guinguette » assez mal notée au XVIIIᵉ siècle. N'est-ce pas là que fréquentait Cartouche? On voyait notamment en ce lieu le cabaret fameux où le « roi des Voleurs » offrit à boire aux policiers venus pour l'arrêter et partit avec leurs chevaux (1).

Le cirque fut inauguré le 3 décembre 1853. Il était auparavant un peu plus bas, sur le

(1) En 1823, à une époque où l'on procéda au nettoiement du grand égout de la rue Amelot, il existait près de la bouche principale, à l'endroit exact du cirque, un renfoncement, une sorte de grotte de quatre mètres carrés qu'on appelait encore dans le rapport administratif : « La Chambre à coucher de Cartouche », parce que le bandit avait été souvent obligé d'y passer la nuit.

boulevard du Temple, près de la rue d'Angoulême. Fondé par Antoine Franconi, « le premier écuyer de l'Europe », né, sous le règne de Louis XV, à Fiume, le cirque est resté, pendant plus d'un siècle — sauf un court interrègne au début du second Empire — dans les mains de la même famille.

La dynastie des Franconi, qui d'ailleurs n'est pas éteinte, vivra dans la mémoire des amateurs de chevaux. Victor Franconi, qui rouvrit le « Cirque Napoléon » — devenu « Cirque d'Hiver » — au lendemain de la Guerre et de la Commune, avait été longtemps l'*alter ego* du général Comte Fleury, écuyer de l'Empereur.

Le dernier des Franconi, qui avait déjà perdu le « Cirque d'Eté », se voit obligé de quitter le « Cirque d'Hiver ». Les « gracieux sauts des cerceaux », les voltiges équestres, le trapèze de Léotard et le fil de fer de la belle « Océana » ne s'adaptent plus au goût actuel du public. Il lui faut, à ce public, — pour « s'amuser » — des crimes, des « affaires » sensationnelles, des « catastrophes tragiques »... Le cinématographe les lui donnera et il en aura pour son argent !

VIEILLES PIERRES...

A l'angle de la rue du Petit-Pont et de celle de la Parcheminerie, une antique maison — elle était plusieurs fois centenaire — s'abat dans un nuage de poussière, pour cause d'expropriation publique. Elle avait abrité jadis le siège de la corporation des parcheminiers et enlumineurs de Paris, et c'est sans doute devant ses antiques vitrines, aujourd'hui réduites en miettes, que le Dante aimait à rêver, au sortir de l'école de la rue du Fouarre.

Un peu plus bas, dans la rue du Petit-Pont, une autre victime de la pioche municipale gît inanimée. C'était un élégant hôtel — dit de « Madame de Pompadour » — dont les fenêtres s'ouvraient, par derrière, sur cette invraisemblable impasse « Salembrière », vieille de près de sept siècles — elle fut ouverte en 1239 — et dont l'entrée est encore, de nos jours, fermée par une grille de fer forgé, comme en plein moyen-âge !

Après Madame de Pompadour, si tant est qu'elle y résida — la demeure fut occupée par un nommé Le Franc, « distillateur-limonadier », dont le nom et l'enseigne curieuse revivent — provisoirement — sur un vieil auvent remis à jour.

Ce fut, en dernier lieu, une fabrique de *confetti* !

CONTRASTES

Au cœur du quartier le plus mondain et le plus élégant de Paris, à deux pas des Champs-Elysées, s'ouvre, rue Marbeuf, une voie qui n'a jamais été terminée et qui est placée sous le vocable de Robert Estienne, le célèbre imprimeur de la Renaissance.

Cette rue aura, un jour ou l'autre, son débouché normal sur la rue de Marignan. En attendant, elle se butte, en impasse, à un terrain vague que la Ville de Paris, qui en est propriétaire, a utilisé d'une façon ingénieuse.

C'est le « Chantier des Pauvres ».

Là sont réunis en masses savantes et élevées — d'aucunes montent jusqu'à la hauteur d'un troisième étage — les branches, débris et brindilles provenant de l'élagage annuel des arbres ornant les promenades parisiennes, et tout ce bois, aménagé en fagots, est distribué aux indigents inscrits sur les registres de l'Assistance Publique.

Chaque matin — alors que ce beau quartier dort encore — un agent de l'Assistance Publique est là qui remet aux porteurs de cartes d'indigence, son fagot, sa bûche ou son petit « cotret ».

Spectacle curieux et pittoresque au possible qui ressuscite l'ancien « droit d'affouage » au centre même des élégances parisiennes...

Paris est fait de contrastes. C'est même l'un de ses charmes.

LE « LUSTRIER » ROYAL.

...Ces jours derniers, les « amis du Vieux-Versailles » ont périgriné à travers la Ville du grand Roi sous la conduite éclairée du Comte Robert de Montesquiou.

Amoureux des mots, de leur couleur et de leur assonance, les adaptant à merveille à l'idée, au tableau, le délicat poète a parlé en termes exquis de la vétusté majestueuse et poétique de Versailles.

C'est en automne, a-t-il dit, qu'il faut visiter Versailles, alors que les larmes des choses se mêlent aux tristesses encore splendides de la nature.

Il a évoqué les figures de l'ancien Versailles, plutôt que les faits, et a dit, aux applaudissements de l'auditoire, quelques-uns des quatre-vingt-treize sonnets — nombre fatidique — qu'il a consacrés à la gloire de Versailles, dans ses *Perles Rouges.*

Antoinette est un lis que l'on fauche debout.
Perles dont les rubis interrompent la ligne.

Ces pièces délicieuses, allant de Madame de Maintenon à Louis XVII furent saluées avec enthousiasme... Mais il ne fut pas question du « lustrier » royal... Ne le connaissait-on pas ?

Le voici.

...Là-bas, bien loin, près de la fontaine du « trèfle », à l'extrémité des parcs des deux Trianons, aux évocations si singulièrement mélancoliques alors surtout qu'ils se dépouillent, sous la morsure de la bise automnale, de leurs parures d'été, des bâtiments d'une jolie allure Louis XVI, mais délabrés, isolés, inconnus de la plupart des visiteurs — car ils sont en dehors de la « tournée » officielle des guides — doivent fixer un instant l'attention. Ce sont les anciens « Communs » du Petit Trianon.

Sur l'une des portes, une inscription qui a survécu à l'œuvre du temps et aux « grattages » successifs, laisse voir ces mots d'une charmante désuétude et assez inattendus :

Atelier du Lustrier.

Que d'images de belles fêtes royales fait revivre cette archaïque inscription qui semble oubliée là, comme le témoin attendu d'un élégant passé à jamais aboli !

Là où les gens de service de la Cour polissaient jadis les lustres royaux, se remisent, de nos jours, les balais et les rateaux d'un cantonnier rural...

LE HAMEAU DES TERNES

Aux Ternes, à deux pas de l'avenue Niel, entre les rues Bayen et Saussier s'ouvre, au fond d'une avenue, une petite place octogonale bien curieuse et bien peu connue : c'est la *Place Boulnois*. Elle représente exactement les dispositions d'un ancien château que le lieutenant-général Baron Boulnois offrit à ses concitoyens en 1820, alors que les Ternes n'étaient encore qu'un simple hameau dépendant de la commune de Neuilly-sur-Seine.

Au centre de cette place, l'ancienne cour d'honneur du château, se voyait encore, il y a une vingtaine d'années, un vieux puits rustique à poulie, avec tout autour, pour l'ombrager, quelques acacias centenaires... Les arbres ont été jetés bas et le puits de pierre a été remplacé par un simple « crapaud », c'est-à-dire par l'une de ces bornes-fontaines où l'eau est amenée par la pression du poing.

Les oiseaux qui gazouillaient autour du puits se sont enfuis et maintenant le château Boulnois n'est plus qu'une grande cité ouvrière...

COTES D'ALTITUDES

De ci, de là, sur quelques monuments de Paris, le service du « Nivellement général de la France » vient de faire poser de petites plaques de fonte rouge portant des chiffres un peu cabalistiques à première vue. Ces indications murales sont faites pour nous apprendre qu'elle est, au-dessus du niveau de Ia mer, la position respective de ces édifices parisiens.

Désormais vous saurez, en les consultant — si toutefois vous arrivez à découvrir ces petites plaques placées au ras du sol — que pour aller de la Chambre des députés au Ministère de la Marine, il faut gravir environ deux mètres. La cote d'altitude du ministère est, en effet, à 33 mètres 339, tandis que nos députés siègent à 31 mètres 500 au-dessus du niveau de la mer.

Cette simple constatation, sera, pour beaucoup de personnes, une véritable révélation. Trente et un mètres 1/2 au-dessus du niveau de la mer, nos Honorables?... Et dire qu'il y a des gens — ils sont nombreux — pour croire que les Députés sont souvent... audessous de tout !

UN COIN BIEN PARISIEN

Rue Richelieu. — Le premier « Salon » et les « Variétés amusantes ». — La Muse limonadière et le punch Grassot. — De Godart d'Aucourt à Mademoiselle Mars en passant par Paulin Limayrac.

... *Sunt lacrymæ rerum !* Oui, les choses ont leurs larmes, et ces larmes elles vous montent aux yeux, à chaque coin de Paris, — lorsqu'on est, comme nous, un amoureux du passé, un dévôt du Paris de nos pères — et lorsque l'on voit la pioche du démolisseur massacrer les vieilles demeures historiques, pour faire place à ces immenses caravansérails, « à l'Américaine », avec encorbellements, torsades — et tout le tremblement de ce qu'on appelle « L'Art » moderne — et dont les huit ou dix étages dénaturent les belles perspectives parisiennes, en détruisent l'harmonie et écrasent même, sous leur blanche insolence, tels ou tels de nos édifices publics les plus beaux !

*
* *

Voyez, par exemple, ce qui se passe à l'angle de la rue de Richelieu et de la rue de Montpensier. Là, en ce coin parisien par excellence, il est sorti de terre, en quelques semaines, une bâtisse, écrasante et d'une désespérante banalité, dont les gros moellons, barrés de fer, émaillés de briques vernissées et traitées au ciment armé, ont enfoui sous leur lourdes assises plusieurs pages du grand livre anecdotique de la « Vie de Paris. »

C'était là que, naguères s'élevait — encore en 1784 — la *Galerie de Tableaux*, l'aïeule directe de nos « Salons » des Champs-Elysées. En 1785, les *Variétés Amusantes*, créées à la Foire Saint-Laurent et chassées du Tivoli Waux-Hall par la faillite mémorable du sieur de L'Ecluze, vinrent s'établir en cet endroit et y restèrent cinq ans, dans une salle en bois, jusqu'à l'achèvement de la « salle de pierre » inaugurée le 15 mai 1790. « C'est là, lisons-nous dans le *Provencial à Paris*, édité par le S' Watin, en 1788, — un

curieux « Bottin » de l'époque, annoté et
commenté, devenu très rare et que les
bibliophiles prisent fort — c'est là que
ces « Variétés » sont devenues célèbres par
les *Jeannot*, les *Pointus*, les *Barogo* et
mille autres facéties qui ont fait rire le
public. »

Le duc d'Orléans vendit en 1792 cet immeuble qui lui appartenait en propre et l'un
des premiers locataires en fut le « Café Minerve » dont la vogue fut presque centenaire.
S'il faut en croire Girault de Saint-Fargeau
et son amusant « Guide véridique et com-
plet » de Paris, publié en 1846, c'est là que
demeura Mademoiselle Charlotte Bourette,
plus connue sous le nom de la « Muse Limonadière. » Son café était le rendez-vous de
tous les parisiens de distinction et des étrangers les plus qualifiés. « Le roi de Prusse,
Voltaire, le duc de Gesvres et plusieurs
autres jeunes personnages firent des cadeaux
à la « Muse Limonadière » en témoignage de
leur admiration et Dorat lui paya largement,
en monnaie de poète, son tribut... »

En 1859, le comédien Grassot — célèbre,
entre autres titres, par son « punch » —

acheta le café Minerve peu de temps avant sa mort, survenue le 18 janvier 1860.

Auguste Vitu nous raconte, dans son livre si documenté sur la *Maison mortuaire de Molière*, que, pendant sa collaboration au *Constitutionnel*, il déjeunait souvent au « Minerve » avec Paulin Limayrac et la Tour-Saint-Ibars. Le café Minerve ne disparut qu'en 1868.

*
* *

Parmi les habitants qui illustrèrent tour à tour la maison vieille jetée bas, il faut citer Claude Godart d'Aucourt, baron de Saint-Just, seigneur de Plancy. Il fut fermier général et... homme de lettres. Il écrivit la fameuse *Thémidore*, des romans turcs au goût du jour et une épître à Mademoiselle D. T., signe sous lequel se reconnait aisément le nom de la Duthé. Son fils, chevalier de Saint-Louis et capitaine dans la marine royale hérita les goûts littéraires paternels. Il a laissé plusieurs comédies en opéra-comiques, entre autres ; la *Famille Suisse*, jouée en 1797 ; le *Calife de Bagdad*, qui date de 1800 et *Jean de Paris*, 1812, sur une partition de Boiëldieu.

Mesdemoiselles Mars, aînée et cadette, et Madame Desbrosses, qui fut la troisième secrétaire de ce nom depuis la fondation de la Comédie Française, habitèrent successivement cette vieille demeure, historique on le voit, et dont — hélas! — il ne reste plus rien aujourd'hui... que le souvenir.

RUES MORTUAIRES

Villiers de l'Isle-Adam va avoir une rue à lui. L'auteur des *Contes cruels* la méritait bien et c'est à merveille.

Seulement, pourquoi ne pas lui avoir donné une rue nouvelle ? Pourquoi avoir débaptisé l'une de nos vieilles voies parisiennes, — la rue des Partants, — dont la dénomination était si curieuse ?

De quels « partants » s'agissait-il ? La longue rue des « Partants » s'acheminait vers le cimetière du Père-Lachaise, elle en longeait les murs, et ce fut le langage populaire qui, il y a plus de cent ans, baptisa ce chemin mélancolique.

La rue des « Partants », près de la grande nécropole parisienne, c'était d'un charme prenant et très couleur locale... Cela cadrait avec deux autres rues, voisines du cimetière Montparnasse, la rue du *Départ* — le grand départ — et la rue si bien dénommée : du *Champ d'Asile*, sur laquelle s'appuyaient les ultimes tombes de la nécropole !

Cette dernière rue, d'ailleurs, a, elle aussi, été débaptisée récemment. On lui a donné le nom du brave colonel Froidevaux, ce héros du feu, qui trouva la mort, à la tête de ses braves pompiers parisiens, au « champ d'honneur », lors du terrible incendie du boulevard de Charonne, en 1882.

Mais ça ne fait rien : Les « Partants, » le « Champ d'Asile, » pour deux rues menant au cimetière... c'était trouvé !

« ETRAMURES » ET SARCELLES ADMINISTRATIVES

La Ville de Paris, qui possède dans ses Domaines les berges du canal de l'Ourcq — où s'égarent parfois d'inconscientes sarcelles ou quelques vagues bécassines — vient d'en faire l'adjudication.

Deux «sociétés de chasse», celle de Bobigny et celle de Villeparisis, étaient sur les rangs, et la lutte fut chaude autour de la bougie préfectorale et de la classique table au tapis vert. Finalement, c'est Villeparisis qui l'emporta, en poussant les enchères jusqu'à 1.210 francs, sur une mise à prix initiale de quarante louis.

Dans ce prix figure — heureusement ! — le droit de récolter les maigres fumages, où « étramures», qui croissent sur les berges humides du canal de l'Ourcq.

De sorte que, à défaut d'un gibier problématique, les chasseurs de Villeparisis auront toujours, pour « arrondir » leurs carniers, de l'herbe en abondance. Et cela vaut déjà mieux que les *casquettes* dont certains prétendent qu'on se contente « en Avignon » et dont seront peut-être forcés de se contenter les chasseurs de Bobigny — nous allions écrire : de *Bobino* — cette petite banlieue de Pantin...

HYDROLOGIE PARISIENNE

A propos d'un rapport préfectoral. — Pas assez d'eau : trop de circulaires ! — Ce que buvaient nos Pères à Paris. — De Montmartre à Belleville. — La Légende de Saint-Rabbonni. — « Rigoues», « Noues » et «Regards». — Les «Eaux de Table » de la Villette, d'Auteuil et de Passy. — Précepte d'un sage docteur. — Une épître de Dumersan. — Napoléon et Delessert. — Un «mot » de Talleyrand. — Le Jet d'Eau des Ternes et ses voisins. — La source de la rue de Londres. — Tivoli. — Les Fontaines de la Rive-Gauche. — Un vieux proverbe parisien.

...Ce que boit Paris ? C'est une question qui — si nous osons nous hasarder à cet «à peu près » risqué — revient souvent... sur l'eau ! Un bien curieux document figurait, l'autre jour, au *Bulletin municipal Officiel*. Il établit que c'est à peine si, dans les meilleurs jours, Paris reçoit deux cent mille mètres cubes *d'eau de source*. Cette quantité est absolument insuffisante en été aux moments de grande consommation, et aussi de septembre à décembre, époque pendant laquelle le débit des sources est le plus faible. Il y a encore pénurie d'eau lorsque, à la suite de grandes pluies, certaines sources deviennent troubles et sont mises en décharge. Le déficit est comblé au moyen « d'eau de rivière purifiée par filtration » sur le sable — « purification » bien relative ! — aux usines d'Ivry et de Saint-Maur. En 1907, le service privé a consommé 2.225.700 mètres cubes d'eau de rivière « filtrée ».

M. l'Ingénieur en chef du service des Eaux signale, dans une pièce du dossier, combien est précaire l'alimentation en eau potable de la ville de Paris. Elle serait compromise par la moindre avarie survenant aux aqueducs. On ne peut même pas assurer, comme il le faudrait, l'entretien de ces aqueducs et les visiter soigneusement chaque année, puisqu'il est impossible de les mettre en chômage sans priver d'eau les habitants.

Pour remédier à cet état de choses, l'Administration a l'intention de compléter les aqueducs existants et d'augmenter l'approvisionnement en eau de source. Mais c'est là l'œuvre de l'avenir. Aujourd'hui, elle propose d'établir de nouveaux bassins filtrants à Saint-Maur et de traiter par l'ozone l'eau clarifiée ainsi obtenue... Tout cela ne nous dit rien qui vaille ! Il est vrai que si les Parisiens ne reçoivent pas assez d'eau potable, ils sont abreuvés de circulaires.

Chaque mois, — où peu s'en faut, — leur apporte un petit arrêté préfectoral nouveau, relatif à la consommation des eaux qui sont mises à leur disposition. L'administration, en bonne mère, veille sur eux avec une touchante sollicitude. Tantôt, c'est pour leur annoncer que les eaux « potables » qu'elle leur donne ont été polluées par des fontes de neige, des crûes subites, des pluies inaccoutumées, ou pour toute autre cause, et alors elle leur conseille des analyses chimiques, des « examens bactériologiques », à défaut de la simple ébullition sur le fourneau familial... Tantôt, c'est pour leur apprendre que, vu la sécheresse, on a dû « limiter leur consommation »; et alors elle les invite à prendre patience... et à tâcher de ne pas mourir de soif. Charmante alternative ! Et les Parisiens, qui, s'ils sont gâtés, ne sont pas pour cela des enfants bien terribles, les Parisiens se laissent faire tout en regrettant un peu les centaines de millions qui — sans remonter... au déluge — mais simplement au Premier Consul amenant à Paris les eaux de l'Ourcq et aux travaux gigantesques de MM. Belgrand et consorts, ont été engloutis pour assurer les fameux « Mille litres par jour » qu'on leur promet depuis si long-temps.

Et alors, une fois de plus, beaucoup parmi les Parisiens se prennent à regretter le « Bon Vieux Temps », celui où leurs pères trou-vaient, sans sortir, pour ainsi dire, de chez eux, et sans avoir recours à la Seine, toute l'eau potable qu'ils pouvaient désirer grâce aux nombreuses sources fraîches et pures que la Ville récélait dans son sein et qu'elle offrait généreusement à leurs lèvres alté-rées...

⁂

Dans ce tournoi hydrologique — comme en tant d'autres — c'est encore la « Butte Sacrée » qui décrochait la... timbale. Mont-martre, cette « ruisselante mamelle » — sui-vant la plaisante expression d'un érudit his-torien de Paris, M. Ch. Sellier — Montmartre renfermait, à elle seule, cinq sources et l'une d'elles, encore, avait des vertus.... miraculeuses ! C'étaient la *fontaine de Saint-Denis*, la *fontaine du Buc*, la *fontaine de la « Bonne »*, la *Fontenelle* et la source *Rabbonni*.

La première qui doit son nom à une station qu'y firent l'évêque-martyr et ses saints compagnons, était située, « au milieu d'un bois » sur le versant ouest de la Butte. Le sentier qui y conduisait est remplacé de nos jours par l'impasse Girardon qui s'ouvre — et se ferme — derrière le « Moulin de la Galette ».

C'est, dit-on, sur les bords de cette source qu'Ignace de Loyola vint terminer la mémorable journée du 15 août 1534, où, par un vœu solennel prononcé dans la chapelle, toute voisine, du *Martyre*, il avait jeté les bases de son célèbre institut. La renommée de la fontaine de Saint-Denis se perd dans la nuit des temps. Nous la trouvons déjà célébrée dans une chanson de gestes du quatorzième siècle intitulée : « *Florent et Octavien* ».

> Seigneurs ! décollé fut le corps de Sainct-Denis,
> Droit à une fontaine si nous dict li escris,
> Qui est entre Montmartre et la Cit de Paris
> Là avoit un grand bois qui fut forment fouillis...

Un beau jour, en 1810, — alors qu'on venait de permettre l'extraction du plâtre au pied de la butte, dans la rue de Tourlaque actuelle — la source s'engloutit dans un trou de carrière et elle disparut jusqu'à la dernière goutte... Oncques on ne la revit !

— La *fontaine du Buc* était toute proche mais un peu plus au nord, au pied de ce fameux *Château des Brouillards* qui est menacé de mort. Ce nom de « Buc » semble venir du latin *bucca*, bouche. On la retrouve, en effet, dans plusieurs endroits où abondent des sources d'eaux, entre autres à *Buc*, près de Versailles.

**

Dans sa *Bohême galante*, Gérard de Nerval a chanté la *fontaine de Buc* qui, de son temps, avait été transformée en abreuvoir et en lavoir... Quelle chûte ! « Ce qui me sédui-
« sait, écrit Nerval, dans ce pittoresque espace
« abrité par les grands arbres du château des
« Brouillards, c'était le voisinage de l'abreu-
« voir, qui, le soir, s'anime du spectacle de

« chevaux et de chiens que l'on y baigne,
« et d'une fontaine où les laveuses causent
« et chantent comme dans un des premiers
« chapitres de Werther. Avec un bas relief
« consacré à Diane et, peut-être, deux figures
« de naïades sculptées en demi-bosse, on
« obtiendrait, à l'ombre des vieux tilleuls
« qui se penchent sur le monument, un
« admirable lieu de retraite, silencieux à ses
« heures et qui rappellerait certains points
« de la campagne romaine. »

Hélas ! l'édilité parisienne n'a pas respecté les rêves de Gérard de Nerval, elle a cruellement « aveuglé » la *fontaine du Buc*, en dépit des services signalés qu'elle avait rendus, par ses vertus curatives, dans des cas de choléra, lors de la terrible épidémie qui décima Paris en 1849.

Que n'a-t-on conservé la fontaine ? Elle nous eût évité certaines de ces « analyses bactériologiques » auxquelles l'administration nous envie, parfois, pour certaines des eaux « potables » qu'elle nous fournit ?

— De la *fontaine de la Bonne Eau* — ou de la « Bonne », tout simplement — il ne reste plus rien... que son qualificatif servant à désigner une rue qui semble suivre le tracé de son ancien cours. On voyait sourdre celle-ci au nord-est de la Butte et, après avoir longtemps servi à l'usage exclusif de la célèbre Abbaye des Religieuses de Montmartre, elle fut détournée pour alimenter les bassins de feu le *Chateau Rouge*, le vieux bal Montmartois disparu.

Pareil sort fut fait à sa voisine immédiate, la *Fontenelle*, dont l'ancien ravin devint une rue qui porta ce nom jusqu'au jour. peu lointain, où elle fut civilement baptisée : rue de La Barre... Pardon ! du Chevalier de La Barre !

— Quant à la source *Rabbonni*, elle faisait, sur le versant sud de la Butte, face à Paris. De celle-ci, suivant la légende, les propriétés curatives étaient plutôt « morales » que physiques. Philibert Delamarre nous en a fait la description suivante : « A Montmartre, « il y a une image de Notre-Seigneur qu'on « appelle *Rabbonni*, qui est à dire : maistre. « Les bonnes femmes ont cru que c'estoit « l'image et le nom d'un saint qui rendoit « *bons les maris*, et pour cela lui portoient « autrefois toucher les vêtements de leurs

« maris, moyennant quoy elles croyoient
« qu'il falloit qu'ils *rabbonnissent*. »

Dans l'édition qu'il a donnée de *Mena-giana*, La Monnoye raconte, à son tour,
qu'une femme avait entrepris de faire un
pèlerinage à *Saint-Rabbonni* pour demander
la conversion de son mari ; quatre jours
après le mari trépassa et la veuve de s'écrier :

« Que la bonté du Saint est grande
« Puisqu'il donne plus qu'on n' lui demande ! »

Il est évident que si elle n'avait pas été, elle
aussi « aveuglée », la source *Rabbonni* aurait
encore de nos jours du succès. Les maris à
« rabbonnir » sont de tous les temps... Seu-lement les Parisiennes d'aujourd'hui ne
tiendraient évidemment plus le méchant
propos de la méchante veuve du *Mena-giana* !

L'un des bras de la source *Rabbonni* ali-mente actuellement une fontaine aménagée
dans les rocailles du nouveau square Saint-Pierre. Et très prosaïquement, les mioches
du quartier y font nager de tout petits ba-teaux...

*
* *

Belleville, l'émule et la rivale de Montmartre en fait d'éminences parisiennes,
avait, elle aussi, ses sources d'eaux « pures
et naturelles ». Elles y étaient même très
nombreuses. Il suffit, de nos jours, de par-
courir l'escarpement du « Mont-Aventin
de la Démocratie française » — comme on
disait au temps de Gambetta, — pour voir, à
chaque pas, sur les plaques bleues de la
municipalité, des noms de rues rappelant les
antécédents hydrologiques très caractérisés
de ce coin de Paris : la rue des *Rigoles*, la rue
des *Cascades*, la rue de la *Fontaine* (celle-ci
est englobée maintenant dans les jardins de
l'hôpital Tenon), la rue de la *Source*, la rue
des *Noues* (*Noue*, en vieux français signifiait :
terrain humide traversé par un cours d'eau),
la rue de la *Fontaine-au-Roi*, etc., etc. On
savait déjà par Sauval et Félibien, que, dès
le XII⁰ siècle, les religieux de Saint-Martin-
des-Champs, propriétaires d'une partie de la
« Montagne de Belleville », avaient fait capter
les eaux qui y jaillissaient pour les amener par

des conduites appelées « pierrées » jusqu'à leur monastère. En 1874, M. Fagniez, de l'Institut, retrouva un intéressant acte de procédure, daté de 1364, par lequel les religieux de Saint-Lazare, propriétaires, eux aussi, à Belleville, s'entendirent avec la Ville pour la répartition à diverses fontaines publiques de l'eau dont « le commencement *(sic)* des ruissiaulx, naist en leurs terres appelées les « Rigoues ».

En 1652, le Roi fit amener en son Palais, une partie des eaux de Belleville au moyen d'immenses tuyaux que l'on recouvrit et sur lesquels s'ouvrit une rue. C'est la rue de la *Fontaine-au-Roi*, que nous avons citée plus haut, laquelle devint, en 1792, *Fontaine Nationale*, pour reprendre, en 1815, son vieux nom qu'elle a conservé depuis.

Les sources de Belleville et de Ménilmontant ont, elles aussi, disparu : d'aucunes, prétend-on, ont été savamment canalisées par le service de la voirie qui s'en sert pour... arroser les rues de ce lointain quartier. Ces « eaux de source » limpides méritaient mieux !

Si elles ont disparu, quelques-uns des

curieux « regards » en maçonnerie abritant ces fontaines nous ont été conservés. On les rencontre, 42, rue des Cascades, 6, rue de Palestine et 213, rue de Belleville. Ce dernier « regard », édifié sous Henri IV et surmonté d'un dôme terminé par une élégante lanterne, est dans un état de conservation parfaite. La Commission du Vieux Paris doit en demander le « classement ».

*
* *

Si Belleville a perdu ses eaux, La Villette a conservé les siennes. Elles naissent au flanc de ces rudes coteaux dont une partie forme les Buttes-Chaumont et sourdent au fond de la petite rue de l'Atlas. Celles-ci ont été soigneusement captées et... commercialisées, depuis que, à la date du 2 août 1853, l'Académie de Médecine, sur le rapport de MM. Chevallier et Ossian Henry, qui les avaient analysées, en autorisa l'exploitation. Le captage des eaux de La Villette — que l'on met ensuite en bouteilles et qui sont offertes comme « Eaux de table » — se fait au moyen de cinq barbacanes placées sur la roche même. Paris produisant des eaux minérales !... voilà évidemment une révélation qui surprendra nombre de parisiens, même des plus avertis. En tout cas, La Villette est très fière de ses eaux. Elle croyait même avoir le monopole exclusif des « Eaux de Paris » et un jour au Conseil municipal, M. Armand Grébeauval, l'honorable et très « combatif » édile qui représente le quartier du « Combat » où se trouve la rue de l'Atlas, s'écria, non sans quelque orgueil : « Dans mon quartier, il y a une source minérale ; je suis le représentant de la seule partie de Paris qui en renferme une » Ce à quoi un conseiller du XVIᵉ riposta en disant : « Pardon ! Il y en a à Auteuil ».

Ce dernier avait raison. Et cela depuis 1628... C'est, en effet, à cette date lointaine que remonte l'exploitation de cette source dont les eaux qualifiées « d'apéritives, toniques et reconstituantes » sont embouteillées, *estampées*, cachetées et capsulées sur place. Les eaux d'Auteuil (1) furent analysées et

---

(1) Nous en avons déjà parlé dans la deuxième série de nos « Curiosités parisiennes » : *Paris à la Fourchette*, pages 289 et suivantes.

lancées par Habert, sieur d'Orgemont, médecin de Monsieur. Leur vogue fut immense.

Auteuil possédait une autre source. La rue de La Fontaine où elle était située lui dut son nom, bien que le bon fabuliste — qui habita d'ailleurs en ces parages — soit considéré généralement comme en étant le parrain. L'eau de la fontaine d'Auteuil était si pure que, lorsque les rois Louis XV et Louis XVI séjournaient à La Muette, ils n'en voulaient boire d'autre. Le chemin « de la fontaine » figurait, dès le xvi⁰ siècle, dans les plans de la localité.

*
* *

Nous arrivons aux « Eaux de Passy » que mit à la mode l'abbé Le Ragois, confesseur de Madame de Maintenon et précepteur du duc du Maine. Il avait une propriété en cet endroit et aidé des conseils de Dumoulin — ce sage docteur qui s'écria à son lit de mort : « Je laisse après moi trois grands médecins : l'eau, la diète et l'exercice » — il fit valoir, par une habile réclame, la limpidité et l'excellence des sources dont il était l'heureux propriétaire. Il fut pendant longtemps du meilleur ton d'aller aux « Eaux de Passy » que Dumersan, dans son *Epître à Passy*, a chantées ainsi :

> Si ces coteaux ne peuvent pas briller,
> Ainsi que ceux d'Auteuil et de Surenne (*sic*),
> D'un bois tortu dont la grappe avec peine
> Fournit un jus qui gratte le gosier,
> Des flancs pierreux de son terrain calcaire
> Coule une source *et* pure *et* salutaire
> Dont Esculape a tiré grand profit
> Tant qu'ont duré la mode et le débit.

Jean-Jacques Rousseau, qui n'était pourtant pas homme à céder aux caprices de la mode, alla prendre les « eaux de Passy ». Nous ne savons s'il s'en trouva bien, mais nous leur devons au moins la création du *Devin du Village* qu'il ébaucha tout en se promenant sous les beaux ombrages du parc environnant la source.

Franklin, voisin des « Eaux de Passy », fréquentait assidûment en ces parages auxquels Panard et bien d'autres consacrèrent de jolis couplets et que Lassalle chanta dans un ouvrage en deux volumes, intitulé : *Les amusements des Eaux de Passy*, Paris, chez Poinçot, 1787.

Le théâtre, les romans, les romances... rien ne manqua, on le voit, à leur gloire!

Le parc où jaillissent les eaux de Passy appartient aujourd'hui aux héritiers du fameux Benjamin Delessert qui établit là, au lendemain du « Blocus Continental » la première raffinerie de sucre de betterave que l'on vit chez nous, ce qui permit à la France de se passer du sucre de canne et ce qui valut à Delessert de recevoir, avec le titre de Baron de l'Empire, la croix d'honneur que Napoléon détacha de sa boutonnière pour l'épingler, de sa main même, à celle du grand philanthrope.

On sait que, de retour aux Tuileries, Napoléon voulut faire goûter à Talleyrand, son ministre des affaires étrangères, un échantillon du sucre qu'il avait rapporté de Passy. Le ministre obéit mais l'Empereur fut quelque peu mortifié quand il vit Talleyrand donner une chiquenaude sur l'échantillon en disant : *Va te faire... sucre !* Le mot est joli mais injuste. Que serions-nous devenus si nous en étions toujours réduits au sucre de canne ?

* * *

Les Batignolles avaient aussi leurs sources. On en voit l'emplacement rue Sauffroy, dans le triangle formé par les avenues de Clichy et de Saint-Ouen et les fortifications, mais elles ont été définitivement bouchées. Quant aux « Eaux des Ternes », elles sont encore l'ornement de ce beau jardin entourant le « Château », sous l'arcade duquel passe la rue Bayen et qui abrita successivement Mirey de Pomponne, trésorier-secrétaire des Finances ; le marquis de Galliffet, prince de Martigues, qui s'en défit à l'époque de la Révolution ; enfin le général Comte Dupont dont les héritiers le possèdent encore. Seulement les « Eaux des Ternes » sont réduites maintenant à l'état d'un simple bassin où s'ébattent mollement d'indolents cyprins et des petits poissons rouges... Une rue voisine du château des Ternes, la rue d'Héliopolis, porta jusqu'en 1877 le nom de rue de la *Fontaine des Ternes*, ce qui est un hommage à l'importance qu'avait cette dernière.

Les amateurs qui font la chasse aux « trouvailles » sur les quais devant les boîtes des bouquinistes y trouveront encore à l'étalage, à côté des monographies documentées de Champfleury, de Monselet et de Delvau, certain roman fripé, de touche juvénile, intitulé : *le Faublas malgré lui,* où s'évapore le souvenir de l'une de ces bohêmes murgériennes de la fin de l'Empire.

Elle siégait, cette « Bohême », dans le reste de parc du château des Ternes, divisé en jardinets, qu'on appelait alors l'enclos. Théodore Barrière y demeurait, et c'était là, probablement, qu'il avait charpenté pour la scène le livre de Murger. Dans l'enclos encore, le regretté chroniqueur du *Figaro*, Charles Chincholle, chargé d'une nombreuse famille, assaillait frénétiquement le Pinde.

Insoupçonnée de ces deux maîtres et leur voisine cependant, la Bohême ternoise composée de sept membres, dont six masculins, occupait une habitation prodigieuse formée d'un pavillon de concierge abandonné et d'un jet d'eau sans « naïades ». Le jardinet était unique au monde, et des confins de Vaugirard il attirait des peintres fascinés. On y voyait deux arbres centenaires, unis par une escarpolette, dont l'un avait nom : *Philémon* et l'autre : *Baucis*, tant ils apparaissaient chenus et vénérables. Une pelouse baptisée : la « pampa », s'arrondissait à l'infini autour de la vasque où le jet d'eau érigeait son dard... Mais que tout cela est donc déjà loin de nous !

*
* *

Pour aller des Ternes à la Rive-Gauche, qui sera le point terminus de notre promenade hydrologique, il nous faut suivre l'avenue de Villiers, doubler la Trinité et la chaussée d'Antin pour, de là, gagner les quais. Sur notre parcours nous rencontrerons une dernière source, bien inattendue, celle-ci, en plein cœur de Paris, à deux pas de la rue de Clichy... S'il prenait à la Compagnie d'Orléans, qui a établi rue de Londres son administration centrale, la fantaisie de trouer le sol de sa cour intérieure, elle verrait immédiatement jaillir de ses dessous une source abondante qui naguère alimenta ce « coin de Paris », longtemps l'un des plus aristocratiques de la Capitale. Cette source fut la parure du parc avoisinant l'hôtel que possé-

dait en cet endroit le duc d'Aumont et d'Hu-
mières qui, le 3 mars 1710, donna sa fille en
mariage au duc de Gramont, lequel était son
voisin et possédait le château du Coq (l'avenue actuelle du Coq, rue Saint-Lazare, en a
gardé le nom) dont la splendeur était incomparable.

A l'époque de la Révolution, le parc du
duc d'Aumont se transforma en un fameux
lieu de plaisir connu sous la dénomination
de «Tivoli» que rappelle encore, de nos jours,
le passage de ce nom près de la gare Saint-
Lazare. « Tivoli » ne disparut que vers 1845
pour émigrer un peu plus haut, — toujours
rue de Clichy — là où nous voyons aujour-
d'hui le square Vintimille dont les arbres
sont ceux qui abritèrent naguère les ébats
chorégraphiques de la « jeunesse dorée » de
l'époque de Louis-Philippe.

Sur un curieux plan, dressé en 1813 par
l'ingénieur Maire, on voit encore figurer
cette fontaine sous le qualificatif de « Source
thermale ». La création du quartier de l'Europe, le percement des rues de Londres et
d'Athènes (qui s'appela longtemps rue de
Tivoli) firent disparaître « Tivoli » dont une

portion — celle qu'occupe la Compagnie d'Orléans — devint l'*Hôtel des Eaux*. L'exploitation de cette source ne prit fin que vers 1867 et à cette date les eaux aveuglées allèrent sans doute grossir le fameux « Egout » dont, on le sait, les rues du Château-d'Eau, Richer, de Provence, de Penthièvre et l'avenue Montaigne suivent le tracé exact jusqu'à sa perte, dans la Seine, au Pont de l'Alma. Tout ce sous-sol parisien est parsemé de nappes aquatiques profondes et on sait quel « fil à retordre » elles donnèrent aux architectes parisiens lors des fondations de Notre-Dame de Lorette, de la Trinité et de l'Opéra !...

N'empêche que peu de Parisiens, sans doute, s'imaginaient que, il y a soixante ans à peine, on pouvait se désaltérer à une source d'eaux limpides à deux pas de l'Académie Nationale de Musique et de cet autre établissement, récemment devenu « national » lui aussi — depuis que l'Etat s'est substitué à l'Ouest, hélas ! — : la gare Saint-Lazare...

*
* *

La configuration topographique de la Rive-
Gauche et son état géologique font qu'elle
est, naturellement, beaucoup moins riche au
point de vue de l'hydrologie, que la Rive
Droite. Du côté des Gobelins, cependant,
sur les côteaux dominant la Bièvre, on ren-
contrait la *Fontaine à Mulard* et la *Fontaine
aux Clercs* qui n'ont disparu qu'en ces dernières années alors que furent commencés,
au pied de la « Butte aux Cailles », les travaux de comblement des anciens « prés sub-
mersibles » de la Glacière sur lesquels s'élève,
en ce moment, à l'extrémité sud de Paris,
tout un immense quartier nouveau... *Les
rues de la Fontaine à Molard* et de la *Fontaine aux Clercs* rappellent, seules, le souvenir de ces deux anciennes sources à tout
jamais perdues...

Le même sort a été réservé aux deux
sources dont s'énorgueillisaient jadis Grenelle et Vaugirard. L'une était située rue de la
Procession ; elle était encore exploitée en
1842 dans la propriété d'un maraîcher qui
ouvrait généreusement à ses voisins son filet

d'eau douce, lequel lui servait, par ailleurs, à arroser copieusement ses laitues, ses choux et ses carottes... L'autre — c'est la dernière que nous rencontrons sur le sol de la Capitale —, débitait ses eaux dans un jardin de la rue Blomet, là où l'on voit, de nos jours, la mairie du XVe. C'était un endroit dénommé jadis : *la Folie*, tout près de la grande chaussée de Vaugirard. De là, pour exprimer un amour de courte durée, cette plaisanterie connue : *Je t'aimerai à la Folie et je te quitterai... à Vaugirard !*

** * **

Notre excursion est terminée et, on le voit — hélas — la capitale n'est plus, au point de vue des eaux pures et vraiment « potables », ce qu'elle était au Bon vieux temps ! Toutefois, grâce à ses sources subsistantes d'Auteuil et de La Villette, le Paris de 1909 peut continuer de figurer sur la liste des « Villes d'Eaux » françaises.

Mais, au fait, sur quelles tables peuvent bien aller s'égarer les « eaux minérales naturelles » de Paris ? Où les boit-on ?...

A Evian, peut-être... ou à Saint-Galmier !

LE CLOCHETON DE L'ABBAYE

... Tout de même quelque chose nous restera de cette vieille et si séduisante Abbaye-aux-Bois que la pioche implacable vient de détruire de fond en comble.

Le gracieux campanile qui surmontait le bâtiment principal ; les trois clochettes qu'il abritait et dont la voix grêle vint si souvent caresser les mélancoliques rêveries de Madame Récamier... tout cet appareil, démonté avec soin, va être replacé au faîte d'une maison toute proche. Sa propriétaire, qui est fort éprise des choses d'antan, et qu'un long voisinage avait accoutumée au doux son de ces cloches, s'en est rendue acquéreur, et bientôt les cloches argentines de l'ancienne abbaye retentiront à nouveau.

Elles n'auront fait que traverser la rue !

Sait-on, au sujet de l'Abbaye-aux-Bois, que sa chapelle, si malheureusement détruite, fut promue, au lendemain de la Révolution, au rang d'église ? Elle servit de paroisse de 1802 à 1857, date à laquelle fut achevée la construction de Sainte-Clotilde, notre moderne basilique de la Rive Gauche.

PATERNITÉ...

Une statistique officielle récente a démontré la fortune prodigieuse du bourg de Levallois-Perret, promu par ses 61,118 habitants au rang de *vingt-septième* ville de France.

Les origines de Levallois-Perret — cela remonte à soixante ans à peine — et l'étymologie de son nom sont des plus curieuses et fort peu connues.

En 1846, un M. Levallois, marchand de vins enrichi, de Clichy, s'associa avec un de ses voisins, M. Perret, propriétaire d'un champ énorme (le *Champerret*, dont une porte de Paris a conservé le nom), qui s'étendait des fortifications à la Seine, au-dessous de Villiers. Les deux associés eurent l'idée géniale de « lotir » et de mettre en valeur cette immense plaine — jadis garennes royales; des rues furent percées dans tous les sens, qui se garnirent de maisons. En vingt ans ce bourg devint une ville. Il se sépara de Clichy et fut érigé en commune distincte.

L'empereur, pour récompenser les efforts intelligents et heureux des deux colons de Clichy, leur permit d'unir leurs noms pour en faire celui de la ville. MM. Perret et Levallois furent décorés... et c'est ainsi que naquit *Levallois-Perret*.

Mais ce n'est pas encore le paradis de nos rêves..·

LE « MODÈLE »

On a pu admirer au Salon d'Automne l'exposition des maîtresses œuvres de Carpeaux, au premier rang desquelles figure le plâtre du célèbre « Génie de la Danse », la gloire sculpturale de notre Opéra...

Sans doute, parmi les visiteurs qui allèrent admirer l'œuvre du Maître, l'œil avisé de plus d'un vieux Parisien vînt-il à reconnaître, modestement perdu dans la foule, un vieillard encore droit et vert, aux traits expressifs et réguliers, dont la paupière se sera voilée peut-être d'une larme furtive... Ce vieillard, que d'aventure, vous rencontrerez, identifions-le de suite : c'est le « modèle » qui, vers 1867, posa devant Carpeaux pour le divin Apollon.

Resté, comme il l'était alors, un digne et brave ouvrier en ébénisterie, l' « Apollon » de 1867 habite maintenant aux environs de l'Arc de triomphe, rue de Lauriston ; il est

père de quinze enfants et âgé de soixante-
dix ans...

Et on le voit souvent, paraît-il, aux alentours de l'Opéra où il montre fièrement à sa
progéniture le groupe de la Danse...

OMNIBUS ET CARROSSES D'ANTAN

*Un couplet de Loret. — Les « Carrosses à cinq sols » de
M. de Monmerqué. — Pascal, homme d'affaires et
peut-être inventeur. — Curieuse lettre de sa sœur à
Arnauld d'Andilly. — Un arrêt du Parlement. —
L'exclusion des laquais. — La ruine de l'entreprise. —
« L'autobus » à cinq sous.*

Les édiles parisiens qui reviennent de
Londres ont étudié avec une attention particulière, paraît-il, le problème des « transports
en commun », tels qu'ils sont organisés sur
les rives de la Tamise.

C'est une vieille question.

Loret, dans sa *Gazette rimée* du
18 mars 1662, en fait mention :

LES CARROSSES A CINQ SOLS

L'établissement des carrosses
Tirés par des chevaux non rosses,
Mais qui pourront, à l'avenir,
Par leur travail le devenir,
A commencé aujourd'hui mesme.
Commodité sans doute extresme
Et que les bourgeois de Paris,
Considérant le peu de prix

> Qu'on donne pour chaque voyage,
> Prétendent bien mettre en usage.
> Ceux qui voudront plus amplement
> Du susdit établissement
> Scavoir en vrai les ordonnances,
> Circonstances et dépendances,
> Les peuvent lire tous les jours
> Dans les placards des carrefours...

Sauval, l'historiographe parisien, prétend, dans ses *Antiquités*, que l'apparition des « Carrosses à cinq sols » fut accueillie fort mal par la population de Paris. Les premières voitures sorties auraient été poursuivies à coups de pierres, au milieu des huées... Le fait n'est guère croyable. D'abord Loret n'en a pas parlé et cet incident caractéristique n'eût certes pas échappé à sa muse malicieuse. Il existe, par contre, une autorité bien supérieure à cette « preuve négative » : c'est le récit fait par Madame Périer, sœur de Pascal, de la joie publique que causa dans Paris la mise en service de ces véhicules. Ce récit est contenu dans une lettre adressée par Madame Périer à Arnauld d'Andilly qu'un érudit chercheur, doublé d'un magistrat éminent, M. de Monmerqué (1) a retrouvée dans

(1) Louis-Jean de Monmerqué, né en 1780, mort en 1860, fit à Paris toute sa carrière de magistrat. C'est lui

les manuscrits de la bibliothèque de l'Arsenal et qu'il a publiée chez Firmin-Didot, en 1828, sous forme d'une petite brochure devenue rarissime et qui porte ce titre : *les Carrosses à cinq sols ou les Omnibus du dix-septième siècle.*

*
* *

La pièce, des plus curieuses et fort peu connue, mérite qu'on lui fasse de larges emprunts.

« A Paris, ce 21 mars 1662.

« Comme chacun s'est chargé d'un emploi particulier dans l'affaire des carrosses, j'ai brigué avec empressement celui de vous en faire savoir les bons succès.

« L'établissement commença à sept heures du matin ; mais avec une pompe et un éclat merveilleux... Messieurs les Commissaires

qui, notamment, présida les assises de la Seine appelées à juger l'affaire des « quatre sergents de la Rochelle », en 1822. Il fut reçu, en 1833, à l'Académie des Inscriptions et Belles-Lettres. Paulin-Paris, qui l'aida à publier, en 1853, les fameuses *Historiettes* de Tallemant des Réaux, a rendu au magistrat, homme de lettres, un juste hommage.

délivrèrent aux cochers chacun *leurs casaques qui sont bleues, des couleurs du Roi et de la Ville*, avec des broderies sur l'estomac *(sic)*, puis ils commencèrent la marche. »

Madame Périer continue en disant que, jusqu'à la tombée de la nuit, tous les carrosses furent pleins. « Il y alla même plusieurs femmes », ajoute-t-elle ; mais la foule est si grande que souvent — c'est un peu comme de nos jours — on est obligé de s'en aller à pied.

« Afin, poursuit-elle, que vous ne croyiez pas que je dis cela par hyperbole, c'est que cela m'est arrivé à moi-même. J'attendais à la porte de Saint-Merry, dans la rue de la Verrerie, ayant grande envie de m'en retourner en carrosse, parce que la course est un peu longue de là chez mon frère (1) ; mais j'eus le déplaisir d'en *voir passer cinq devant moi* sans pouvoir y prendre place ; et pendant ce temps-là j'entendais les *bénédictions* qu'on donnait aux auteurs d'un établissement si avantageux et si utile au public... »

(1) Pascal demeurait rue *Neuve-Saint-Etienne-du-Mont* (aujourd'hui rue Rollin), à la Montagne-Sainte-Geneviève.

Madame Périer termine ainsi sa curieuse communication à Arnauld d'Andilly : « Voilà en quel état est présentement l'affaire ; je m'assure que vous ne serez pas moins surpris que nous de ce grand succès ; il a surpassé de beaucoup toutes nos espérances. Je ne manquerai pas de vous mander exactement tout ce qui arrivera de bon, suivant la charge qu'on m'en a donnée, *pour suppléer au défaut de mon frère*, qui s'en serait chargé avec beaucoup de joie, s'il pouvait écrire...

« Je suis votre obéissante servante (1),

« G. Pascal. »

. .

Les termes si caractéristiques de cette lettre écrite en manière de « rapport » prouvent que Pascal avait un intérêt direct dans l'établissement des « Carrosses à cinq sols ». Sauval prétend qu'il en fut même l'inventeur

(1) Gilberte Pascal, femme de Florin Périer, conseiller à la Cour des aides de Clermont-Ferrand. Elle devint veuve en 1672 et mourut en 1687.

et Madame de Sévigné semble y faire allusion, lorsqu'elle passe si brusquement, dans l'une de ses lettres, de *Pascal* aux *Postillons*. « A *propos de Pascal*, je suis en fantaisie « d'admirer l'honnêteté de ces *messieurs les* « *postillons*, qui sont incessamment sur les « chemins pour porter et reporter nos « lettres. » (*Lettre à Madame de Grignan*, du 12 juillet 1671).

Il est plus que probable que Pascal, qui était l'ami intime du duc de Rianès, concessionnaire, avec le marquis de Sourches, des « Carrosses à cinq sols », avait simplement placé des fonds dans l'entreprise.

Malade, il ne put s'en occuper par lui-même : de là le « rapport » si intéressant de sa sœur, qui lui servait de secrétaire, à Arnauld d'Andilly.

L'affaire eut, au début, un tel succès qu'un comédien de la troupe du Marais, nommé Chevalier, fit représenter sur cette scène, en juin 1662, une pièce en trois actes et en vers, intitulée : l'*Intrigue des Carrosses à cinq sols*. Mais on sait que le Parlement n'avait enregistré les lettres patentes de l'entreprise qu'à la charge que « les soldats, juges, laquais,

et autres gens de livrées, même les manœu-
vres et gens de bras, ne pourraient entrer
esdits carrosses. »

Cette exclusion de la classe la plus nombreuse fut la perte de la spéculation. Trois
lignes de carrosses à cinq sols avaient été
créées. La première réunissait la Bastille au
Luxembourg par l'île Saint-Louis : c'est
encore le trajet de notre actuelle ligne Z. La
seconde allait du couvent des Filles-du-Cal-
vaire à la rue Saint-Honoré, par le Marais ;
nos omnibus de la ligne D ont conservé ce
parcours. La dernière ligne, enfin, mettait
en communication la rue Montmartre avec
le pont Saint-Michel. Nous avons encore, de
nos jours, quelques *autobus* qui suivent cette
route... Au bout de quatre ans, l'entreprise
était ruinée, et ce ne fut qu'en 1828 que les
véritables omnibus reparurent à Nantes,
d'où ils vinrent peu de temps après à Paris...

SUR LE PONT... D'IÉNA

Enfin ! l'on se décide à restaurer le pont d'Iéna et à donner définitivement à sa chaussée la largeur qu'elle avait pendant l'Exposition de 1900.

C'est le cas de rappeler, à ce sujet, quelques détails historiques intéressants. Le pont, commencé en 1806, était à peine terminé en 1814, lors de l'entrée des alliés. Blücher fit prévenir le roi Louis XVIII, qu'en raison des souvenirs qu'il rappelait, le pont allait sauter.

— Soit, répondit le roi de France à l'émissaire qui lui avait été envoyé. « Seulement, « vous préviendrez S. E. le Feld-maréchal « que lorsque ses soldats viendront le faire « sauter, ils me trouveront sur le pont « d'Iéna (1). »

(1) On dit que le prince de Schwarzenberg, commandant des forces autrichiennes, aurait, au sujet de la destruction du pont d'Iéna, fait des remontrances à Blücher.

« — Pour tant de poudre, se serait-il écrié, que vous puissiez employer à faire sauter ce pont au nom déplaisant pour votre pays, vous n'en aurez jamais assez pour faire, du même coup, sauter l'Histoire. »

Cette héroïque attitude fit renoncer au projet. Seules les aigles sculptées sur les piliers furent enlevées et le pont prit le nom de pont des Invalides.

En 1830, on lui rendit son vieux nom. Quant aux aigles, elles furent replacées en 1852, et depuis... eh bien ! il a coulé beaucoup d'eau sous le pont.

RUE DES CARMES...

Il est peu de rues qui aient eu autant à souffrir de « l'Haussmanisation » de Paris que la vieille et montueuse rue des Carmes. De nos jours, comme en l'an 1250, date de sa création, elle va toujours de la place Maubert au sommet de la Butte Sainte-Geneviève ; mais, en réalité, elle a cessé de réunir les deux points extrêmes de son parcours. Le percement de la rue des Ecoles et du boulevard Saint-Germain — aussi larges à eux deux que notre rue est longue — l'a éventrée de façon cruelle. Il n'y reste plus que des tronçons épars, sans cohésion. Elle a payé, notre pauvre rue des Carmes, un bien rude tribut au souci de l'hygiène publique qui, de nos jours, a pris le pas sur toute autre considération !...

C'était, au temps jadis, une rue religieuse et *collégiale* par excellence. La vieille église Saint-Hilaire couronnait son faîte : on l'a remplacée par l'institution Sainte-Barbe. A sa base, on trouvait à l'angle de la place Maubert le premier des couvents que les Carmes ouvrirent à Paris, en 1318. C'est aujourd'hui un marché ; mais un marché sans acheteurs et sans marchandises ; un marché mort.

Au centre de cette nécropole de l'alimentation parisienne, une fontaine de marbre laisse tomber, dans une vasque, un mince filet d'eau. C'est une stèle qui porte deux figures allégoriques, le *Commerce* et l'*Abondance* se tournant le dos... Et cela a presque la valeur d'un jeu de mots marmoréen, car le commerce et l'abondance nous semblent avoir tout à fait abandonné ces parages déserts...

Jadis, la cour où coule cette médiocre fontaine était le cimetière du couvent. Le poète Gilles Corrozet, bien connu des parisiens — car c'est lui qui écrivit la plus ancienne description de notre Capitale : Les *Antiquités*,

Chroniques et *Singularités de Paris* — y fut enterré en 1568.

Sur son tombeau, se lisait cette épitaphe :

> *L'an mil cinq cent soixante et huit*
> *A cinq heures devant midi,*
> *Le quatorze de juillet,*
> *Décéda Gilles Corrozet*
> *Qui libraire était en son temps,*
> *Son corps repose en ce lieu-ci :*
> *A l'âme. Dieu passe merci !...*

*

* *

Tout contre était le Collège des « Daces », fondé sous Philippe-le-Hardi, par une colonie de Danois. Puis, contigu, le collège de « Laon » fondé par Gui, chanoine de Laon et de Saint-Quentin, trésorier de la Sainte-Chapelle de Paris. Il s'ouvrit, en l'an 1305, aux étudiants pauvres, originaires de la Picardie et habitant la capitale. Il n'en reste rien...

En face, c'était le collège de « Beauvais », où fréquentaient les jeunes gens natifs des « marches » de l'Ile de France. Disparu — Tout contre, un autre mort : le collège de

« Presles » fondé en 1314, par Raoul de Presles, avocat-secrétaire du roi Philippe-le-Bel et par sa femme Jeanne du Chastel. Les deux collèges voisins vécurent en bonne intelligence à telles enseignes que le « Principal » du premier, Omer Talon, s'entendit avec le « Principal » du second, Pierre Laramée, plus connu sous le nom de Ramus, pour percer, dans le mur mitoyen, une porte de communication ! On sait que Ramus périt dans la nuit de la Saint-Barthélemy. Son corps fut retrouvé dans les caves du collège de Presles lequel, en 1704, fut réuni au collège de Louis-le-Grand.

En haut de notre vieille rue était le collège de la « Mercy », créé par Alain d'Albret, remplacé partiellement, de nos jours, par les bâtiments lourds de la Bibliothèque Sainte-Geneviève.

Et puis, de ci, de là, les confréries de « Saint-Yves », de « Saint-Marc » ; « du Nom de Jésus » ; ouvertes toutes sur les « censives » des chanoines de Saint-Benoît et de Sainte-Geneviève.

De tout cela, rien ne reste. Tout a disparu. Tout... à une exception près.

*
* *

Lorsque, par delà la rue des Ecoles, en montant, vous avez dépassé l'Impasse du « Clos-Bruneau » pour arriver à l'Impasse des « Bœufs » — ce sont les deux doyennes de la petite voirie parisienne, leurs parchemins remontant au début du XIII⁰ siècle — ne négligez pas de vous arrêter devant la maison, aux murs solides sur leur base, que vous rencontrez au numéro 15. Poussez la porte de bois massif, aux ferrures imposantes, qui en commande l'accès. Devant vous, une cour plantée s'ouvre et au fond de cette cour une chapelle attirera, pour les garder longtemps, vos regards surpris de cette vision inattendue d'un passé lointain. Vous êtes en plein cœur du Collège des « Irlandais », le seul qui ait échappé aux méfaits de la pioche dans notre pauvre rue des Carmes !

Fondé en 1330, par André de Chinni, évêque d'Arras, il porta d'abord le nom de collège des « Lombards » de ce qu'il était réservé à des boursiers italiens. Quelques

espagnols y furent aussi admis et parmi eux,
dit-on, Ignace de Loyola à son arrivée à
Paris. L'édifice tombait en ruines lorsque
deux prêtres Irlandais, Patrice Maggin et
O'Kelly en firent l'acquisition « pour y ins-
« truire des ecclésiastiques de leur nationa-
« lité et les rendre capables, écrit Piganiol
« de La Force, d'aller faire des missions dans
« les royaumes d'Angleterre, d'Ecosse et
« d'Irlande, parmi les Protestants ». La chapelle fut restaurée sur les données suivantes:
style corinthien ; portail ; porche elliptique ;
colonnes et pilastres ioniques ; entablement ;
fronton « brisé ».

Sur le portail se lisait l'inscription suivante :

Collegium Beatæ Mariæ Virginis
pro Clericis Hibernis
In Academia Parisiensi studentibus
Instauratum anno 1681
pro Italis fundatum anno 1330 (1).

(1) Traduction :

Collége de la Bienheureuse Vierge Marie
Pour les Prêtres Irlandais
Etudiants de l'Académie de Paris
Restauré en 1681
Fondé par les Italiens en 1330.

Telle elle était, la chapelle, à cette époque, telle la voyons-nous encore, sauf que les armoiries de M. l'abbé de Vaubrun, professeur en Sorbonne et bienfaiteur du collège des « Irlandais », qui ornaient le tympan, ont été brisées par la Révolution laquelle s'empara, d'ailleurs, de l'établissement.

L'inscription, elle aussi, a presque complètement disparu.

Guillaume Postel enseigna jadis au collège des « Irlandais ». Piganiol de la Force dit à ce sujet « que ce fut avec tant de célébrité, que la grande salle de cette maison ne pouvant contenir la foule de ceux qui venaient l'entendre, il étoit obligé de les faire descendre dans la cour et de leur faire leçon (*sic*) par une des fenêtres. »

Le roi Louis XVIII fit rentrer les « prêtres Irlandais » en possession de leur collège. Il est, depuis lors, demeuré leur propriété ; il figure au nombre des fondations connues sous le nom de *Fondations Britanniques* et relève de l'Ambassade du Royaume-Uni à Paris.

* *
*

Un jour, au lendemain de la guerre, M. le comte Robert de Mun se rendant, peut-être, du Cercle de Belleville au cercle de Montparnasse passait, par hasard, rue des Carmes. Sur la porte du vieil immeuble dont nous venons de résumer l'histoire, il lit ces mots : *Vastes locaux à louer*. Il entre, se rend compte, s'enquiert et sa décision est vite prise. Les « Irlandais » deviendront un nouveau centre d'action pour « l'Œuvre des Cercles ». La chapelle lui servira de collégiale ; ce sera le sanctuaire de « Jésus-Ouvrier ».

Consultés, M. Albert de Mun et M. de La Tour du Pin partagent cet avis.

L'ornementation intérieure de la chapelle — qui avait longtemps servi d'atelier de reliure — fut opérée avec un soin délicat par Madame la duchesse de Clermont-Tonnerre aidée de quelques-unes de ses amies. Les restes des professeurs irlandais, pieusement rassemblés, furent réunis sous les pierres tombales dont les anciennes inscriptions indiquaient leurs sépultures (1).

L'inauguration prit place à la date du 12 mai 1872.

Robert de Mun avait eu tout l'honneur de cette grande œuvre de restitution et une plaque commémorative, apposée sur les murs de la chapelle « à sa chère mémoire », le rappelle.

En face de cette plaque, un autre religieux souvenir est consacré par le marbre aux Dames Patronnesses, aux Dames Bienfaitrices et aux « Personnes de Service » — comme il est grand, dans sa simplicité, cet hommage commun, image de l'égalité de tous dans la Mort ! — du Comité de l'Œuvre, victimes de la terrible catastrophe du 4 mai 1897, l'incendie du « Bazar de la Charité (2)... »

(1) Sept de ces inscriptions sont encore parfaitement lisibles.

(2) *Dames Patronnesses :* Mme J. de Carayon-Latour. — Melle M. de Cossard d'Espiès. — Mme Léon de Gossellin. — Mme de Suze.

Dames Bienfaitrices : Mme Brazier de Thuy. — V^tesse F. de Bonneval. — Mlle de Bouthillier-Chavigny. — Mme P. Cordoën, née Le Sourd. — V^tesse de Damas. — Ctesse d'Hunolstein. — Ctesse Mimerel, née de Gossellin. — Ctesse de Moustier. — Mme Roland-Gosselin. — Mme de

Il faut lire dans l'admirable : *Ma Vocation Sociale* (1), les belle pages consacrées à l'histoire du collège des « Irlandais » au cours de ces trente-sept dernières années, par le grand écrivain qui honora l'Armée, qui honore le Parlement et l'Académie Française.

Et cette lecture sera la conclusion élevée — très élevée — de notre excursion archéologique que nous ne regrettons pas — n'est-il pas vrai? — puisqu'elle nous a permis d'unir aux évocations du passé quelques-uns des plus purs et des plus grands noms du temps présent...

Sessevalle. — Mme de Valence. — Melle Antoinette de Valence. — Melle Marguerite de Valence. — Mme Léon Valentin. — Ctesse Sabine de Vallin. — Mme Vimont.

Personnes de service : Joseph Doron. — Mme Antoinette Goupil. — Mme Mathilde Pierre.

(1) *Ma Vocation Sociale*, souvenirs de la fondation de l'Œuvre des Cercles catholiques d'ouvriers (1871-1875) par M. le comte Albert de Mum, de l'Académie Française, Député du Finistère.

LES « MOMIES » DE LA BASTILLE...

Comment ! des « momies » ? — Parfaitement. Lorsque, sous la Restauration, on aménagea à nouveau les galeries du Louvre, plusieurs momies, qu'un long séjour dans l'humidité des salles basses du palais avait altérées, furent enfouies dans un grand trou à l'entrée de la porte principale que domine la colonnade.

En 1830, à la même place, les corps des assaillants tués à l'attaque du Louvre, le 29 juillet, furent jetés à la hâte dans une fosse commune. Dix ans plus tard, quand on voulut donner à ces insurgés une plus convenable sépulture, on exhuma pêle-mêle, sans trop les reconnaître, tués et momies... Et voilà comme certains contemporains des Pharaons dorment leur dernier sommeil sous la colonne de la Bastille, à côté des combattants de Juillet ! Les manifestants des « Trois Glorieuses », qui, récemment, se rendaient à la Bastille, s'en doutaient-ils ?

COMME A BONDY...

Les malfaiteurs qui, l'autre nuit, dévalisèrent le train de Limoges aux environs d'Etréchy connaissaient à merveille la topographie des lieux où ils opérèrent ; en connaissaient-ils aussi l'histoire ?...

Etréchy fut, de tous temps, voué aux coups de force : c'était l'endroit le moins sûr de la route qui réunit Paris à Orléans. Les vieilles chroniques de l'Ile-de-France évoquent, à chaque pas, les traces d'actes de brigandages accomplis en cet endroit. Et, s'il faut en croire l'historien Duchesne, qui écrivait au début du XVII⁰ siècle, Etréchy s'appela longtemps *Etréchy-le-Larron !...*

« C'est, écrit-il dans ses *Antiquités des*
« *villes de France,* un lieu duquel un long
« bois de hestres s'estendoit jusques en cette
« vallée de Tourfour (Torfou), vraye retraite
« de voleurs et recommandable (*sic*) par les

« pilleries et les meurtres qui s'y sont faits
« aux siècles passés. »

— Evidemment, les voleurs de l'autre nuit
ont écouté les « recommandations » de l'historien Duchesne...

A PROPOS D'ÉCLAIRAGE

*De M. de La Reynie à M. Lépine. — Un héros de « l'Af
faire des Poisons ». — Les « Madones » du temps jadis.
— Une boutade de l'abbé Terrasson. — Les pensions du
« Clair de Lune ». — L'optimisme de Madame de Sévigné. — Deux rares « plaquettes ».*

… La question de l'insécurité des rues de
Paris, dont s'occupa récemment le Conseil
municipal, est, hélas ! toujours actuelle.
Pour mettre un terme aux exploits des
bandes qui, une fois la nuit venue, s'em-
parent de nos trottoirs et y exercent leurs
spécialités variées — coups de poing, coups
d'œil et coups de couteau… — de fort bons
esprits ont fait observer que le premier problème à résoudre était celui de l'éclairage
public, toujours insuffisant. Le Conseil
municipal a opiné du bonnet ; bientôt nos
boulevards et les grandes artères qui y
aboutissent seront dotés de nouveaux foyers
électriques d'une formidable intensité, qui
permettront, enfin, à la police d'y « voir

clair » et qui décourageront, on l'espère, les malandrins nocturnes.

*
* *

Ce début nous vaudra donc des flots de lumière, après nous avoir valu des flots d'encre et de paroles. L'on peut dire, en effet, que « depuis qu'il y a des lanternes à Paris et qui éclairent... mal » la question n'a cessé de figurer au premier plan des préoccupations parisiennes. Un simple coup d'œil sur le passé — il n'est pas très distant — va nous le prouver. Le croirait-on? C'est seulement en la seconde moitié du XVII° siècle que se place la création d'un système d'éclairage permanent des rues de Paris. L'établissement des lanternes date du mois de mars 1667. La *Gazette rimée* s'exprime ainsi, à ce sujet, sous la date du 29 octobre de la même année :

> C'est que vrai, comme je le dy,
> Il fera, comme en plein midy,
> Clair, la nuit, dedans chaque rue
> De longue ou de courte étendue.
> Par le grand nombre des clartés
> Qu'il fait mettre de tous côtés,
> En autant de belles lanternes...

L'honneur de cette création revient à M. de La Reynie, celui-là même que M. Victorien Sardou a mis à la scène de sa triomphante *Affaire des Poisons*. Il inaugura ainsi la charge tout nouvellement créée de « lieutenant général de police ».

Pendant de longs siècles, Paris ne connut, en fait d'éclairage, que celui des chandelles que la piété privée allumait chaque soir au pieds des madones placées à l'angle des carrefours et dont quelques rares spécimens — malheureusement mutilés par le temps ou par l'injure des hommes — sont parvenus jusqu'à nous, comme au coin de la rue Le-Regrattier et du quai Bourbon, en l'île Saint-Louis, comme à l'angle de l'impasse Chartière, derrière le Collège de France. « La vraie piété, écrit Edouard Fournier (1), qui est toujours si ingénieuse dans ses bienfaits, qui ne sépare jamais de son culte pour Dieu la sollicitude pour l'humanité, avait deviné tout ce qu'il y avait de périls dans ces impénétrables ténèbres qui s'étendaient chaque nuit sur Paris, et, autant qu'il était en elle, elle

(1) *Les Lanternes de Paris.* Plaquette in-8°. Paris, Dentu, 1854.

avait pris à tâche de les dissiper, tout en faisant donner ce soin à quelque œuvre religieuse... »

L'invention de La Reynie mit Paris en joie et les nouvelles lanternes firent tout d'abord fortune. On s'en amusa fort et les bons bourgeois prenaient un badaud plaisir à voir descendre, puis remonter, la corde à laquelle était fixée la lanterne faisant briller sur ses parois l'image d'un coq, symbole de la vigilance. Dans le monde des lettrés et des précieuses, on mit la nouvelle invention en poèmes et en madrigaux. D'Assoucy en fit tout un gros poème qu'il dédia à M. de La Reynie, et l'abbé Terrasson n'hésitait pas à écrire qu'auparavant *chacun, dans la crainte d'être assassiné,* rentrait de bonne heure chez soi, ce qui tournait au profit du travail ». Et il ajoutait : « Maintenant, on reste dehors le soir et l'on ne travaille plus... »

L'œuvre de M. de La Reynie constituait certes un progrès, mais il était incomplet. Paris n'était éclairé que pendant les nuits où la lune « ne donnait pas ». Ces fameux

« retranchements de lumière en temps de
clair de lune » se perpétuèrent sous M. d'Argenson et sous M. de Sartines. Ils ne furent
abolis que sous M. Lenoir, en 1777. Ils avaient
servi de base à une bien curieuse institution :
celle des *pensions de clair de lune* qui
avaient pour fonds principal les économies
faites sur l'éclairage du chemin de Paris à
Versailles. On lit à ce sujet, dans *l'Ermite
de la chaussée du Maine*, que « le Roi payait
l'huile et les mèches... comme si toutes les
nuits eussent été obscures dans tout le courant de l'année et cependant, lorsque la lune
éclairait, on n'allumait point les lanternes ;
alors, c'était un gros bénéfice... sur lequel
était hypothéquée la *pension du clair de
lune* ». Inutile d'ajouter que les plaisants
disaient de ces pensions qu'elles se payaient
par *quartiers*...

D'ailleurs, pendant plus d'un siècle et
demi, cette lésinerie fut l'objet de toutes
sortes de couplets et d'épigrammes. Bien
longtemps même après M. Lenoir, l'écho en
retentit sur nos scènes boulevardières.

Dans *l'Anglais à Paris*, représenté aux
Variétés-Amusantes, un cocher de fiacre,

furieux d'aller à tâtons dans la rue, s'écrie en pleine scène : « Les réverbères comptaient sur la lune, la lune comptait sur les réverbères et, ce qu'il y a de plus clair, c'est qu'on n'y voit goutte. » Casimir Delavigne, dans *Une nuit de garde nationale*, s'inspira de la même idée :

> Au bal
> Court un original
> Qui d'un faux pas fatal
> Redoutant l'infortune
> Marche d'un air contraint.
> S'éclabousse et se plaint
> D'un réverbère éteint
> Qui comptait sur la lune !...

*

* *

Madame de Sévigné fut l'une des premières et des plus chaudes admiratrices de l'œuvre de M. de la Reynie. Dès le mois de décembre 1673, l'idée lui avait pris d'aller faire une course lointaine, après minuit, au bout de la rue de Vaugirard, laquelle se terminait, à cette époque, à la barrière du Cherche-Midi. Emerveillée de l'éclairage qui l'avait ramenée tout le long du chemin, elle pouvait écrire en revenant : « Nous trouvâmes plaisant d'aller ramener Madame Scarron, à minuit, au fin fond du faubourg Saint-Germain, fort au-delà de Madame Lafayette, quasi auprès de Vaugirard (1), dans la campagne... Nous revînmes gaiement à la faveur des lanternes et dans la sûreté des voleurs... »

Voilà certes un optimisme que ne partageront pas, même pour être allés moins loin que Madame de Sévigné, nombre de noctambules actuels, attardés autour de l'Opéra ou du carrefour de la rue Drouot ! Le Conseil municipal a donc bien fait de voter le « renforcement » des foyers électriques de nos grands boulevards, dût notre actuel lieutenant de police encourir les reproches que décochèrent à l'un de ses prédécesseurs « messieurs les écumeurs de bourse » et « mesdames les sultanes nocturnes et ambulantes » au nom de leurs dieux — Mercure et Vénus — en courroux, dans deux rarissimes « plaquettes » (2) dont nous lui recommandons l'amusante lecture !...

(1) Madame Scarron habitait, à cette époque, l'un des beaux hôtels que va éventrer, rue du Regard, le nouveau boulevard Raspail.

(2) *Plainte des filoux et écumeurs de bourse à messeigneurs les Réverbères. Les Sultanes nocturnes et ambulantes contre messeigneurs les Réverbères.* (A Londres, 1767).

LE MUSÉE DE LA FRAUDE

... Là-haut, perdu dans les combles de l'immeuble que l'administration des octrois occupe avenue Victoria, un bien curieux musée vient d'être aménagé. C'est un musée dont les corsets constituent l'appoint principal, mais, entendons-nous... il s'agit de corsets et d'autres vêtements *évidés* et disposés de telle façon qu'ils puissent contenir, dans des récipients de zinc, des quantités d'alcool, habilement dissimulées.

On y voit aussi des couronnes mortuaires, de faux rouleaux de toiles et de faux tas de planches dont les parois recouvrent d'invisibles réservoirs. Quelques voitures machinées, dont la caisse et les coussins sont creux de manière à pouvoir être remplis d'alcool, complètent cette curieuse collection qui nous a été révélée par M. Alpy, l'honorable conseiller municipal de l'Odéon.

C'est le « Musée de la Fraude ».

Inutile d'ajouter que ce musée, à l'inverse de ceux dont on nous menace, n'est pas payant. Il n'est pas, non plus, gratuit, mais réservé aux seuls employés de l'octroi parisien qui vont prendre là des « leçons de choses »...

———

POUR LE PASSAGE D'UNE RUE

L'âme de Paris. — La rue de la Bourbe. — Un cimetière gallo-romain. — La première « station » de Saint-Denis. — Le Prieuré de Notre-Dame des Champs. — Les Carmélites. — Morts illustres. — Le pavillon de la duchesse de Longueville. — La duchesse de Montausier et la « Guirlande de Julie. » — Sœur Louise de la Miséricorde. — Ce qu'est devenu son manuscrit. — Son oratoire.

... Un mur s'est écroulé, l'autre jour, sous les coups répétés de la pioche acharnée à sa perte et les pierres de ce mur paraissaient encore chaudes de prières et de larmes. On eût dit qu'avec lui c'était encore un peu de « l'âme de Paris » qui s'en allait en poussière et du sol sur lequel il tomba avec fracas, s'envolèrent, comme en une gerbe, des nuées de souvenirs accumulés par les siècles...

Ce mur, c'était celui qui, naguère, clôturait le jardin des Carmélites de la rue Saint-Jacques. On l'a jeté bas pour exécuter une assez banale opération de voirie : le prolongement de la rue Nicole fait en vue de donner un « dégagement » à l'école municipale Lavoisier, et c'est à peine si l'on paraît se souvenir que ce terrain, que bouleversent en ce moment des mains profanes, est mentionné à chaque page, depuis les temps les plus reculés, dans nos précieuses chroniques parisiennes.

Et cela est triste !

On peut, à la date du 17 février 1878, trouver dans la collection du *Figaro* un bien intéressant article concernant la rue Nicole et les fouilles qui y furent faites à l'époque où cette voie, que l'on prolonge aujourd'hui, était ouverte et alors qu'on y construisait le marché faisant l'angle du boulevard actuel de Port-Royal (jadis rue de *La Bourbe*) (1). « Nous avons visité hier, dit

(1) Cette vieille rue de *La Bourbe* figure déjà sur les plans de Gomboust (1652). Cette appellation désavantageuse lui venait de l'état de saleté dans lequel on la laissa longtemps. C'était un vrai cloaque. L'hôpital actuel de la Maternité s'appela lui-même pendant longtemps : *La Bourbe*. « C'est une insulte au malheur », disent les frères Lazare dans leur Dictionnaire des rues de Paris, page 85 (Paris, 1841).

« le *Figaro*, le fameux terrain de la rue
« Nicole, des fouilles duquel son proprié-
« taire, M. Léon Landeau, tire tant de curio-
« sités et de merveilles artistiques... Ainsi,
« hier encore, on trouvait un buste entier
« de métal représentant l'empereur Nerva... »
Suit une description de toutes les curiosités
amenées au jour par ces fouilles dont les travaux durèrent plusieurs mois : vases, médailles, poteries rouges de l'époque trajane
et qui furent toutes offertes au musée Carnavalet. Elles constituèrent, en quelque sorte,
l'embryon de ces collections d'une richesse
inappréciable au point de vue de l'histoire
de notre vieux Paris, auxquelles le goût
éclairé et la sagacité savante de M. Georges
Cain ont donné, de nos jours, un incomparable éclat.

Le 27 mars, le Comité des Travaux historiques de France vint, en corps, sur le terrain des fouilles. Le 17 avril, ce fut le tour
des membres de la Société d'Anthropologie
qui, au nombre d'une centaine environ, conduits par leur président, l'illustre Broca,
signèrent un procès-verbal ainsi conçu :
« Nous soussignés... déclarons que les diffé-

« rentes pièces extraites en notre présence
« du terrain de M. Léon Landau, situé rue
« Nicole, à Paris, et consistant en crânes et
« ossements de guerriers romains et gaulois,
« remontant aux Ier et IIe siècles appar-
« tiennent à la race gallo-romaine. En foi de
« quoi... etc. »

Paris, le 17 avril 1878.

Suivent les signatures.

L'existence d'un ancien cimetière gallo-
romain, en cet endroit, était donc attestée.
Quatre vingt-dix tombes furent découvertes
et, avec elles, un nombre considérable de
médailles aux effigies de Domitien, de Tra-
jan, de Sabine, d'Antonin-le-Pieux, de Faus-
tine, ce qui tend à prouver que les gallo-
romains enterrèrent là leurs morts pendant
une période de cent années.

*
* *

Les intéressantes découvertes opérées en
1878 rue Nicole ne faisaient, d'ailleurs, que
confirmer les dires du savant historien de
Paris, Henri Sauval. On lit, en effet, dans les

Antiquités de Paris, que, lorsque les Dames Carmélites prirent possession, en 1604, de l'ancienne église de Notre-Dame des Champs, pour y fonder le couvent qui, par la suite, devait acquérir une si éclatante célébrité, on mit à jour une énorme quantité d'ossements, de débris de tombes, de poteries et de médailles remontant à l'époque gallo-romaine. Or, à cette date de 1604, le terrain de la rue Nicole et celui des Carmélites ne faisaient qu'un. L'immense quadrilatère, circonscrit de nos jours, par la rue *d'Enfer* (dont la municipalité parisienne a cru devoir faire la rue *Denfert-Rochereau*), le boulevard de Port-Royal, la rue Saint-Jacques et la rue Nicole prolongée, formait un enclos occupé en entier par le prieuré de Notre-Dame des Champs (1).

Une autre découverte, dont les religieuses du Carmel devaient se montrer bien autre-

(1) La rue Notre-Dame des Champs qui aboutissait à l'extrémité de cet enclos en a conservé le nom. Il n'y a guère que soixante ans que le culte de Notre-Dame des Champs a été restauré — et fort heureusement — d'abord dans une chapelle provisoire, rue de Rennes ; ensuite dans la belle église qui s'élève, de nos jours, en bordure du boulevard Montparnasse.

ment fières et qui constituait, en effet, un souvenir d'un prix inestimable, fut celle de la crypte de Saint-Denis. C'est là, en effet, à deux pas du *vicus magnus* (1) — c'est-à-dire de la « grande voie » — qui venait d'Orléans pour rejoindre Senlis, après avoir traversé Lutèce, c'est là que l'apôtre des Gaules s'établit pour prêcher la Foi.

Ce fut la première des « sept stations » du saint martyr et c'est dans cette crypte que les envoyés du juge Sisinnius-Fescennius vinrent saisir le premier évêque de Paris pour le conduire au supplice, avec ses compagnons Eleuthère et Rustique (2), à travers les escarpements de cette voie tortueuse et montante qui a conservé leurs noms — la rue des Martyrs — jusqu'au sommet du Mont de Mercure devenu, lui aussi, le Mont des Martyrs ou *Montmartre*... La crypte de Saint-Denis fût, jusqu'en ces derniers temps, l'objet de la vénération fidèle des Parisiens et c'est ce sol, auguste entre tous, que

(1) La rue Saint-Jacques actuelle n'est autre que cette ancienne voie romaine.

(2) Les rues Saint-Eleuthère et Saint-Rustique à Montmartre rappellent encore, de nos jours, le lieu du supplice.

viennent de bouleverser les travaux de voirie de l'édilité parisienne...

*
* *

Bien d'autres souvenirs s'attachaient encore à ce coin de Paris. Dans le cimetière des Carmélites les sépultures illustres abondèrent. Tout autour de la crypte de Saint-Denis se voyaient les tombeaux de l'évêque Pierre de Bullion ; des filles d'Henri-Charles de Lorraine, prince d'Harcourt ; de Philippe Hecquet, le médecin du roi Louis XIV ; de l'historogriaphe de France, Antoine de Varillas ; de la duchesse de Longueville dont Nicole a dit que « ce fut la plus parfaite actrice du monde » et qui s'était retirée au Carmel après la mort de son fils tué au passage du Rhin alors que la Diète de Pologne l'avait appelé au trône (1) ; de Charles de Sainte-Maure, duc de Montausier, gouverneur du Dauphin qui s'adjoignit Bossuet

(1) Le pavillon où se retira la duchesse de Longueville subsiste toujours. La rue nouvellement percée ne l'atteindra pas. On y remarque un bel escalier de pierre dont les marches sont usées par l'âge, avec une superbe rampe en fer forgé.

pour l'éducation du prince et fit publier les fameuses éditions : *Ad usum Delphini.*

Le duc de Montausier y reposait à côté de son épouse, cette belle et spirituelle Julie d'Angennes de Rambouillet dont il avait sollicité la main pendant quatorze ans et qui ne l'obtint qu'au lendemain de la publication de la fameuse *Guirlande de Julie*, offrande poétique composée de fleurs. Le madrigal dédié à l'*Impériale* en donnera une idée :

Je suis le prince glorieux (1)
De qui le bras victorieux
A terrassé l'orgueil d'un redoutable Empire,
Au plus froid des climats je me sentis brûler
Par un nouveau soleil que l'Univers admire
Et que celui des Cieux ne saurait égaler.
Du rivage inconnu de l'âpre Carélie
Où la mer sous la glace est toute ensevelie
Le flambeau de l'Amour mes voiles conduisant
Je vins pour rendre hommage à l'auguste Julie.

Chaque fleur était peinte sur vélin par le célèbre coloriste Robert ; le texte, transcrit par le calligraphe Jarry, fut composé par les plus beaux esprits de l'époque. M. le duc de

(1) C'était une allusion aux exploits accomplis, dans la conquête de la Finlande et de la Carélie, par le roi de Suède. Gustave-Adolphe pour qui la belle Julie s'était éprise d'une grande admiration.

Montausier s'en était réservé, paraît-il, la plus grande part...

*
* *

... Il n'est guère possible de quitter le couvent des Carmélites, aujourd'hui coupé en deux tronçons par la rue Nicole prolongée et son vieux jardin saccagé par les ouvriers paveurs de la ville, sans évoquer le souvenir de cette belle et touchante Louise-Françoise de La Baume Le Blanc, duchesse de La Vallière, cette « violette qui se cachait sous l'herbe », à qui le Grand roi offrit un superbe crucifix d'ivoire (1) au moment où elle prit le voile au Carmel de la rue Saint-Jacques. C'est là, c'est sous les ombrages de ce pauvre jardin dévasté, que furent composées par *Sœur Louise de la Miséricorde* ces admirables « Réflexions sur la Miséricorde de Dieu » dont le manuscrit, annoté de la main même de Bossuet, fut retrouvé, en

(1) Cette splendide relique nous a été heureusement conservée. Elle fait aujourd'hui partie du « Trésor » de Notre-Dame.

1852, à la Bibliothèque du Louvre, par
Damas-Hinard et qui devait — hélas ! — périr,
avec tant d'autres titres précieux, sous le
feu allumé par les incendiaires de la Commune en cette affreuse « nuit rouge » du
26 mai 1871...

Sœur Louise de la Miséricorde, on le sait,
passa trente-six ans au Carmel de la rue Saint-
Jacques. Dans un manuscrit très curieux et
très peu connu, que nous eûmes dernièrement entre les mains, laissé par le fils du
médecin Philippe Hecquet (1), on lit ceci :
« Ma mère m'a souvent écrit qu'elle avait
« vu plusieurs fois Madame de la Vallière
« en 1703 ; qu'elle était si maigre et si affaiblie
« qu'elle ne pouvait plus, au parloir, se tenir
« accroupie sur les talons, comme font les
« Carmélites et qu'alors on lui avait fait une
« *petite sellette de bois où elle était assise*
« *aussi bien que sur ses deux talons !* »

En dépit des austérités de la règle et de la
pénitence, *Sœur Louise de la Miséricorde*
devait conserver, « malgré sa maigreur et son
affaiblissement », cette « beauté qui surprit

(1) Il était né à Abbeville en 1661 et mourut en 1737.

tout le monde », au dire de Madame de Sévigné. Témoin le superbe portrait placé au
frontispice de la très rare édition (1) des
« Réflexions sur la Miséricorde de Dieu »
publiée chez la veuve Savoye, « *A l'Espérance* », rue Saint-Jacques, en 1766, avec
privilège du Roi, et qui représente *Sœur
Louise de la Miséricorde*, aux dernières
années de sa vie, sous le long voile noir, les
mains jointes et dans l'attitude de la prière.
Dans un cartouche, sous le portrait, est ins-
crite cette « légende » :

> S'ennuyant d'être la Victime
> Du monde et de la vanité,
> Cette incomparable beauté
> Quitta, par un effort sublime,
> Tous les biens que la terre estime
> Pour aquérir (*sic*) l'Eternité (2)!...

(1) La première édition des « Réflexions » parut en 1712,
à Paris. Elle fut immédiatement l'objet — déjà, en 1712 !
— d'une contrefaçon belge (Bruxelles. Foppens, 1712). Le
portrait de *Sœur Louise de la Miséricorde* y figure, avec
ces mots : *Karrewyn fecit*, et ces vers :

> Elle donna son cœur autrefois à la terre,
> Mais un éclat divin lui fit ouvrir les yeux
> Et l'obligea soudain de déclarer la guerre
> Au monde et au démon pour mériter les Cieux...

(2) Les pièces composant la bibliographie relative à
Madame de La Vallière sont fort nombreuses. L'une des

* *
*

Parlant de la prise d'habit de Louise-Françoise de La Baume, duchesse de La Vallière, qui avait eu lieu, le 30 juin 1675, Madame de Sévigné écrivit à sa fille :

« Entre la Sœur Marie de la Miséricorde et le monde, il existe désormais une barrière infranchissable... » Cette barrière, ce vieux mur du célèbre couvent qui avait, jusqu'à ce jour, résisté aux injures du temps et des hommes, voilà qu'il n'existe plus ! Le vieux mur cédant sous la pression d'un « bélier » manié par les ouvriers de la Ville, s'est effondré en gémissant...

Et, dans quelques jours, le passant indifférent foulera aux pieds le sable des allées qui virent le long voile noir de la duchesse de La Vallière !

plus rares fait partie de cette gracieuse collection d'*Almanachs dédiés aux Dames* que l'éditeur Lefuel mit à la mode au commencement du siècle dernier. Celui de l'an 1811 est exclusivement consacré à « Sœur Louise de la Miséricorde. » Entre autres pièces curieuses, on y trouve une cantate intitulée : les *Quatre âges de Madame de La Vallière*, par M. Vacher « de la Musique de l'Empereur » (*sic*).

Voilà ce qu'on a fait de ce vieux « Coin de Paris » où, sous la poussière des siècles, dormait l'âme mystérieuse du Passé... et de quel Passé !

Bientôt, il n'en restera plus rien...

Si, peut-être.

Au numéro 17 *bis* de cette rue Nicole dont nous venons de fouiller le sol, un modeste pavillon, à fronton triangulaire, s'élève dont la porte s'ornemente d'un arc sculpté et d'un fleuron où l'on reconnaît les monogrammes de Jésus et de Marie surmontés d'une petite tête d'ange. C'est l'ancien oratoire de Madame de La Vallière.

Et c'est maintenant un atelier de menuiserie !... Va-t-on nous le conserver, au moins ?

ARACHNÉ OU PÉNÉLOPE...

Les cartes d'accès aux tribunes du Sénat réservées à la Presse, qui viennent d'être distribuées aux ayants-droit, présentent, cette année, un caractère particulièrement symbolique, qui mérite d'être signalé.

Ces jolis cartons parlementaires figurent un panneau du peintre Albert Maignan, qui est intitulé : *Arachné*. La « déesse » de la tapisserie y est représentée accroupie devant un immense métier, ses fuseaux à la main.

Cela, évidemment, est une allusion au métier parlementaire et aux travaux de nos honorables. L'allégorie, semble-t-il, aurait été encore plus juste si, au lieu d'*Arachné,* on avait fait figurer sur les cartes du Sénat la célèbre *Pénélope,* dont les travaux de tapisserie également sont restés légendaires !...

La Chambre-Haute, en effet, ne passe-t-elle pas beaucoup de son temps à défaire les mauvaises tapisseries que lui envoie sa sœur cadette du Palais-Bourbon ?...

LA MAISON CAPITULAIRE

La Cité — ce « cœur de Paris » — vient de recevoir le nouvel opprobre de la pioche du démolisseur. On a commencé ces jours-ci, rue Chanoinesse, en face de la rue de la Colombe — oh! ces jolis noms évocateurs! — la démolition d'une vieille et auguste bâtisse dont les titres de propriété remontaient jusqu'à un édit de Charlemagne.

Elle s'écrasait, avec ses vieux toits à créneaux, sa rampe et ses balcons de fer et ses vieilles treilles aux pampres noirs, à l'ombre des tours de Notre-Dame. C'était l'une des maisons capitulaires dont le cardinal de Retz avait fait son quartier général... Depuis près de trois cents ans, rien n'avait bougé dans le vieil hôtel, qui avait conservé, intact, le charme des âges évanouis...

Le voilà à terre et, à sa place, va s'élever un immeuble immense avec ascenseur, électricité et téléphone.

Et tout cela rue « Chanoinesse » !

DEVANT « L'AMBIGU-COMIQUE... »

Le terre-plein du théâtre de l'Ambigu, sur lequel vient d'être inauguré le monument du baron Taylor, était jadis occupé par une ménagerie d'animaux féroces. On y donnait des « combats » qui, pendant de longues années, jouirent d'une vogue intense. La ménagerie s'était installée à l'angle du jardin de l'ancien hôtel de Murinais, qui s'ouvrait sur la rue de Bondy. Le dernier propriétaire de cette demeure avait été le chevalier d'Auberjon-Murinais qui, député, osa combattre d'abord Mirabeau, ensuite Robespierre. Cela devait lui coûter cher : d'Auberjon-Murinais fut déporté à Sinnamari et y succomba...

Puisque nous sommes sur le seuil de l'Ambigu — ironiquement dénommé : « Comique », car les seules pièces qui y triomphent sont celles où se consomment, à essuyer les larmes des spectateurs, le plus de mouchoirs parisiens — rappelons que le théâtre est déjà un vieil octogénaire. Il émigra du Boulevard du Temple après un incendie qui l'avait consumé de fond en comble, le 13 juillet 1827.

PARIS-VIGNOBLE

Mettons du vin dans notre eau. — Les « Crus » parisiens. — Autour des Catherinettes. — Le « Champ du Pressoir » et la Cour des Miracles. — Le « Pressoir du Roi ». — Rue des « Postes » ou rue des « Pots » ? — Le « Clos Bruneau ». — Privat d'Anglemont : son « ensecréteur de bouibouis » et le Camp des Barbares. — Le « Clos Georgeau ». — Le vin de la rue Drouot... — Autour de la rue « Beautreillis ». — Sur les Buttes parisiennes. — Gérard de Nerval, vigneron manqué. — Le « Pape » des vins et le « Roi » de la « Goutte d'Or ». — Un vieux dicton parisien. — De la Courtille à Chaillot. — La rue Vineuse et M. Marcel Prévost. — Les dernières vignes parisiennes.

Nous avons montré dans l'une de nos dernières promenades parisiennes (1) quelle était, au temps jadis, l'excellence des eaux de la capitale. Si Paris fut jadis une véritable « Ville d'Eaux », elle fut non moins célèbre par les vignobles abondants dont se parsemait son sol. Après l'eau, le vin, c'est dans la logique. Nous allons donc aujour-

(1) Voir *supra*. Pages 97 et suivantes.

d'hui décrire les « crus » — fort méconnaissables hélas, pour la plupart, de nos jours — dont s'enorgueillissait Paris. Simple évocation, d'ailleurs, promenade rétrospective s'il en fût et dont ni Bordeaux, ni Frontignan, ni Volnay — pas même Suresnes — n'auront à prendre ombrage.

Précisément on démolit en ce moment même, au numéro 225 de la rue Saint-Denis, une vieille bâtisse qui servit longtemps de *Dépôt des glaces* de la Ville, au bout d'une longue avenue qu'une curieuse estampe du début du XVIIIᵉ siècle nous représente encore ornée de deux rangs de pampres magnifiques. C'était jadis l'Hôpital de Sainte-Catherine dont les occupantes, connues sous le pittoresque surnom de *Catherinettes*, avaient le peu enviable privilège d'assister les condamnés à mort et d'ensevelir les cadavres repêchés en Seine ou trouvés sur la voie publique. Le fond des bâtiments conventuels, là même où vient de s'élever un groupe scolaire en bordure de la rue Dusoubs prolongée, s'ouvre sur un vaste enclos où les vignes poussaient à foison. Il était grand de plusieurs arpents et portait le

nom significatif de « Champ du Pressoir » (1).
Tout contre s'étendait la « Cour des Miracles » si célèbre aux XIIIe et XIVe siècles par les *miracles* qui s'y opéraient alors que les mendiants, dont c'était le repaire, après avoir excité la pitié populaire par des plaies factices ou des infirmités simulées, retrouvaient, une fois rentrés chez eux, l'usage intégral de leurs membres en réalisant, à leur faveur, la parole du prophète Isaïe : « *Alors les yeux des aveugles verront le jour, les oreilles des sourds seront ouvertes, le boiteux bondira comme un cerf et la langue des muets sera déliée...* » Une partie de la « Cour des Miracles » dépendant du « Champ du Pressoir » subsiste encore de nos jours, mais combien transformée, combien — si l'on peut dire — déchue de son ancienne splendeur et où l'on reconnaît à peine — le récent percement de la rue Réaumur en fut la cause — l'enclos dans lequel Victor Hugo met aux prises le poète Gringoire avec le *Grand Coèrre* « chef électif des Truands et Roi des Gueux », en la saisissante description de ce repaire

<hr>

(1) Voir : *Paris à la Fourchette*. 1re série, page 109.

intercalée dans *Notre-Dame de Paris*.

La Révolution dispersa les *Catherinettes* et, avec elles, disparut le « Champ du Pressoir ».

* * *

Le même sort fut réservé, à la même époque, au *Pressoir du Roi*. Il était situé, celui-ci, au sommet de la montagne Sainte-Geneviève et faisait partie du « Clos » de la célèbre Abbaye que le Panthéon a, pour la plus grande partie, remplacée. Le *Pressoir du Roi* s'ouvrait exactement en bordure de l'actuelle rue Lhomond, qui longtemps s'appela rue des Postes, corruption de son vrai nom : rue des *Pots*, qui lui avait été donné en raison des nombreux fabriquants de poteries établis là pour se trouver à la portée de leur meilleur débouché, et pour «loger» sur place, l'abondant produit des vignes environnantes. « Dans tous les titres de « Sainte-Geneviève, écrit Jaillot en 1775 (1), « l'endroit où cette rue est située est nommé

(1) *Recherches historiques sur la ville de Paris.*

« *Clos des Poteries* ; il était planté de vignes
« qui avaient été baillées à la charge de
« payer le tiers-pot en vendange, de rede-
« vance seigneuriale». La sombre rue Ra-
taud, encore fermée de nos jours par une
grille, et qui débouche rue Lhomond s'appela, jusqu'en 1877, *impasse des Vignes*.
Peut-être dans les jardins riverains de
l'Ecole Normale et des bâtiments lépreux où
l'immortel Pasteur découvrit le remède
contre la rage et guérit ses premiers malades,
trouverait-on quelques ceps épars, derniers
vestiges rabougris de cet important *Pressoir
du Roi* que les Dames de Saint-Thomas de
Villeneuve, émules des *Catherinettes*, pos-
sédèrent jusqu'à l'époque révolutionnaire.

Toujours accrochés aux flancs de la montagne Sainte-Geneviève se rencontraient le
clos de Ganay (rue Broca actuelle) en raison
des vignobles dépendant du « séjour »
qu'avait fait, en cet endroit, le chancelier de
Ganay ; le *clos Saint-Symphorien*, que les
collèges Sainte-Barbe et Louis-le-Grand ont
absorbé ; le *clos Saint-Etienne des Grès,*
remplacé par l'Ecole de Droit ; le *clos Gar-
lande*, dont les rues Galande et Dante mar-

quent l'emplacement, au bas de la Butte ; le *clos des Arènes*, en ce vaste terrain où furent découvertes il y a quarante ans les si curieuses arènes de Lutèce et dont la Commission du Vieux-Paris, toujours si soucieuse de ce qui intéresse l'archéologie parisienne, s'occupe à poursuivre la reconstitution complète ; le *clos Saint-Victor* dont la destination a peu varié. C'est toujours le royaume du vin ; seulement, de nos jours, il ne s'y trouve plus qu'un muids, en foudres ou en barriques : c'est l'actuelle *Halle aux vins*. On y voyait, enfin, le *clos Bruneau* sur lequel, dans son *Paris Inconnu*, Privat d'Anglemont, écrivit des lignes si curieuses : « C'est, nous « dit-il, le quartier général des *Impresarii* « de marionnettes qui ont importé toute une « industrie dans la rue du Clos-Bruneau. » Voici d'abord le sculpteur sur bois qui fait les têtes ; l'habilleuse, qui fait les costumes ; la perruquière et les cordonniers. « Enfin, « ajoute-t-il, le véritable magicien de ce « monde est celui qui *ensecrète* les *boui-* « *bouis. Ensecréter un bouibouis* consiste « à lui attacher tous les fils qui doivent servir « à le faire mouvoir sur le théâtre ». A côté

de ces *impresarii* se rencontraient, au clos-
Bruneau, des musiciens errants et des mon-
treurs de singes et d'animaux vivants. C'était,
suivant la pittoresque expression de l'historiographe de ce hideurs populaires, un véritable « Camp de Barbares » et Privat d'Anglemont, pour jeter un peu d'air et de lumière
dans ces repaires, réclamait l'ouverture de
la rue des Ecoles. M. Haussmann lui a donné
satisfaction ; mais l'impasse du *Clos-Bruneau* existe encore de nos jours, seulement
on n'y voit plus d'*ensecréteurs de bouibouis*
et encore moins de ces belles vignes dorées
renommées, encore au XVI⁰ siècle, pour son
petit vin « pinot » (1), dont fait déjà mention
un cartulaire de Sainte-Geneviève daté de
l'an 1202.

Il nous faut, avant de quitter la Rive
gauche, citer le *Clos des Moynes*, dont une
rue a longtemps porté le nom (c'est aujour-
d'hui la rue Taranne, privée, par le percement
du boulevard Saint-Germain, de l'une de

---

(1) On dénomme encore de nos jours, en Bourgogne,
sous le nom de vin *pineau*, le produit des grappes qui,
par leur forme et l'entassement de leurs grains, rappellent
assez les pommes de *pin*.

ses bordures de maisons) qui s'adossait, du côté de l'ouest, aux murs de l'Abbaye de Saint-Germain-des-Près, et signaler, enfin, que jusqu'en 1659 l'importante rue de l'Université n'était connue que sous le nom de *chemin des Treilles* parce que du *Clos des Moynes* elle menait en droite ligne à l'*île des Treilles*, relevant de la même Abbaye et toute plantée, elle aussi, en vignes, laquelle île est aujourd'hui devenue l'île des Cygnes et sert à la fois d'assise à la *Liberté éclairant le monde* de Bartholdi et à la passerelle hardie du chemin de fer métropolitain... (1)

* * *

Après le « Champ du Pressoir » des *Catherinettes* de la rue Saint-Denis, le vignoble le plus important de la Rive droite était incontestablement le *Clos Georgeau*. Il existait déjà au temps de Jeanne-d'Arc et c'est dans ce champ de vignes bordant au sud la « Butte

(1) La rue Rubens actuelle qui s'amorce au Boulevard de l'Hôpital s'appelait encore, en 1864, rue *des Vignes de l'Hôpital*, en raison de l'immense vignoble qui couvrait tout ce coin de Paris depuis la Salpétrière jusqu'aux approches des Gobelins. L'ancien Marché aux Chevaux en avait absorbé une grande partie.

aux Pourciaux » (c'est la « Butte des Moulins » que d'aucuns de nous ont connue) que Jehanne la Pucelle, escortée par les ducs d'Alençon et de Bourbon, les comtes de Laval et de Vendôme, établit son quartier-général pour tenter l'assaut de la Porte Saint-Honoré où elle devait être blessée. Ainsi l'atteste Cousinot de Montreuil dans sa *Chronique de la Pucelle* publiée par Vallet de Virville en 1859.

Jusqu'en ces dernières années l'une des rues les plus intéressantes du vieux Paris nous avait conservé le souvenir de cet antique vignoble. Elle réunissait la rue Molière à la rue Saint-Anne.

Thomas Corneille avait habité longtemps le Clos Georgeau ainsi qu'il appert de l'acte mortuaire du décès de son illustre frère (1 , retrouvé dans les Archives de la paroisse Saint-Roch, et où ce nom est mentionné. La rue du Clos-Georgeau disparut en son entier, il y a trente ans, lors de la transformation

(1) Pierre Corneille, on le sait, mourut le 2 octobre 1684, dans la rue d'Argenteuil. Nous avons pu voir, dans les collections de M. Victorien Sardou, une photographie de la maison de Corneille prise au cours de sa démolition, en 1877.

de la vieille « Butte des Moulins » et du percement de l'Avenue de l'Opéra. Son emplacement est exactement marqué de nos jours par le Bureau des Messageries que les Compagnies de chemins de fer ont établi là et dont la vaste cour, réunissant encore les rues Sainte-Anne et Molière, a emprunté le sol même de l'ancien « Clos-Georgeau ».

Dans le voisinage de ce clos on retrouve encore sur de vieux plans de Paris de la fin du XVIe siècle, entre les rues actuelles de Provence et de la Grange-Batelière, deux « clos » importants. Au nord le « Clos du Hallier », au sud et à l'ouest, le « Clos des Soûtes » de la Grange-Batelière dont M. Edmond Fournier nous a fait, dans ses *Enigmes des rues de Paris*, une si curieuse description.

Les *compoix terriers* ou vielles « matrices cadastrales » et les actes de mutation de l'époque font mention des transactions diverses auxquelles donnèrent lieu ces vignobles estimés. On débitait, à cette date, du « Hallier 1590 » et des « Soûtes Premières » comme on vend de nos jours des « Graves secondes » et du « Mouton-Rothschild *étampé au château...* » Les ultimes propriétaires de ces domaines, en tant que « clos », furent les religieux de l'ordre des Blancs-Manteaux, et les bons Pères furent les derniers à boire de ce bon vin récolté sur place et emmagasiné dans des caves profondes, celles mêmes où, de nos jours, le *Figaro* a enfoui ses gigantesques « rotatives » ne laissant plus, à ceux qui y fréquentent, que la ressource de lever un verre plein... de souvenirs, mais vide du beau jus doré qui s'y récoltait naguère...

Adieu paniers, vendanges sont faites !

La rue de Beautreillis, qui traverse le quartier de l'Arsenal, évoque forcément le souvenir des plants importants qui naguères couvraient de leurs plants vigoureux ce coin de Paris. Elle fut ouverte en 1555, et prit son nom, nous dit le savant abbé Lebeuf (1), des *belles treilles* qu'il fallut abattre à l'époque pour y ménager « trente-sept places à bastir ». Ce vignoble allait jusqu'à la Seine et son dernier vestige, que nous avons connu, consistait en un plant de deux cents pieds de

(1) *Mémoires de l'Académie des Inscriptions*, t. XVII.

vigne environ qui se voyait au Pont-Mor-
land, au point où le canal Saint-Martin se
jette dans la Seine, et était le fief du chef-
éclusier de céans. Le passage du Métropolitain a porté, il y a cinq ou six ans, le coup
de grâce à ce qui restait de ce vignoble jadis
bien « parisien ».

*
* *

Mais, — il faut bien l'avouer — les *belles
Treilles* de l'Arsenal, les vignobles du « Hallier » du « Clos-Georgeau », du « Champ du
Pressoir » et autres crus circonvoisins ne
fournissaient en raison de leur situation topographique, — bas-fonds ou terrains légers,
— que des vins de « paluds » ou de simples
« graves » comme on dit au pays bordelais.
Pour avoir de vrais vignobles de « bonnes
côtes » mieux exposés aux vivifiants rayons
du bienfaisant soleil, il fallait, de toute
nécessité, *ascensionner* sur les côteaux, com-
pris maintenant dans l'enceinte parisienne,
de Montmartre, de Ménilmontant, de Chaillot, de Passy et d'Auteuil. C'est ce que nous
allons faire rapidement.

Les vignes de Montmartre étaient parmi les plus célèbres et elles ont des papiers sérieux et authentiques.

Nous les avons, dans nos anciennes causeries (1), déja étudiées. Disons seulement aujourd'hui que les rues des *Cloys* (des Clos) et du *Pressoir*, deux des plus vieilles voies de la Butte, témoignent suffisamment de l'ancienne viticulture Montmartoise que rappelle encore le quartier toujours dénommé de la *Goutte* d'*Or*, lequel s'accroche au flanc oriental du « Mont des Martyrs » et dont le vin était si réputé, au moyen-âge, que la Ville en offrait quatre tonneaux au roi de France, à chaque anniversaire de son couronnement.

Il y eut à Paris, au début du XIIIe siècle, une exposition internationale de vins dont Rudolphe — savant en philosophie et en art comme « en fait de beuverie » — était le secrétaire rapporteur. Le vin de Chypre, fut déclaré le « Pape » des vins ; le Malaga proclamé « Cardinal » et le cru de la *Goutte d'Or* fut l'un des trois « Rois » avec le Mal-

(1) « Curiosités Parisiennes » : *Paris à la Fourchette,* 2e série, pages 27 et s.

voisie et l'Alicante. Puis venaient cinq
« Comtes » et douze « Pairs ». Mais où sont
les beaux pampres dorés du temps jadis?
Quelques ceps rabougris et noueux se ren-
contrent encore, çà et là, dans les rares jardinets subsistants d'un Montmartre qui s'abolit
chaque jour davantage, notamment dans
l'enclos du fameux « Moulin de la Galette ».
Il y a quinze ou vingt ans, nous disait récemment leur aimable propriétaire, on en tirait
bien encore deux « bons » hectolitres de
vin. Aujourd'hui les grappes montmartoises,
quand elles réussissent à mûrir, ne servent
plus qu'à garnir les compotiers de quelques
tables familiales...

Mention doit cependant être faite d'un
« vignoble », assez bien conservé, qui se
voit encore à l'angle de la rue Lamarck et
de la rue des Grandes-Carrières, cette dernière dénommée depuis peu : rue Eugène
Carrière. Très juste hommage rendu à un
artiste de haute valeur, mais déplorable
jeu de mots (1) qui vient continuer la série

(1) Rue *Denfert-Rochereau*, ancienne rue d'*Enfer*. Rue
du *Chevalier de La Barre*, ancienne rue de la *Barre*. Rue
Eugène-Delacroix, ancienne *rue de la Croix*. Et il y en a
bien d'autres !

des « à peu près » que semblent affectionner nos services d'édilité !

Le vignoble de la rue Lamarck, que dissimule aux passants une haute palissade noire, renforcée d'acacias chétifs et de lilas agonisants, contient environ deux cents ceps et ses grappes de Pinot ou de Gamay se font encore dorer par le soleil de septembre mais il est assiégé de tous côtés par les moellons. Autour de lui se sont élevées de grandes maisons de rapport et, tout seul maintenant, presque invisible derrière ses clôtures, il témoigne d'une culture qui était jadis tenue en grande estime par les Parisiens.

Bref, partout, au lieu de la vigne, la pierre. Ceci a tué cela !

*
* *

Le martyrologe des vignobles de Belleville sera plus vite établi. Il ne nous en reste rien qu'un très vieux souvenir retrouvé dans la *Chronique* dite *scandaleuse,* édition de 1611, p. 78 : « Le lundi 9 septembre (1475), les Bretons et Bourguignons furent ès terrouers de la Courtille (1) et autres vignobles d'entour Paris, prendre et vendanger tout le vendange (*sic*) qui y étoit, jaçoit de ce qu'elle n'étoit point meure (*sic*). » Il en reste encore une rue de notre Paris moderne, la rue des *Vignolles* (ou petites vignes), à Charonne qui, en 1830, était un étroit sentier rural bordé, sur ses deux rives, de beaux pampres chargés de feuilles et de fruits.

On trouve dans des titres du douzième siècle, relevés par M. Dujardin, en un mémoire qu'a publié récemment le *Bulletin de de la société des viticulteurs de France*, l'existence de vignes dans la Cité, près du Palais. Il y eut même une communauté des vignerons de Paris (nous dirions aujourd'hui un syndicat), qui élisait chaque année quatre jurés chargés de l'inspection du vignoble parisien.

Pour tout dire, le vin de Paris ressemblait fort parfois à du vinaigre. Le raisin qui ne peut mûrir « meurtrit les pieds des vendangeurs », remarque en 1779, Maupin, dans

____

(1) La *Courtille*, on le sait, comprenait le haut du faubourg du Temple et les premiers escarpements de la colline de Belleville.

son livre sur l'*Art de faire du vin*. Mais les Parisiens apprenaient de lui les moyens de corriger l'acidité de leur cru et d'obtenir par le sucrage une boisson « qui ne manquait pas d'agrément ».

Il n'y a pas qu'à Paris, d'ailleurs, que cela se pratique !

** * **

A Chaillot, l'élégante rue Vernet ne tient que depuis 1864 son nom actuel. C'étaient auparavant l'*impasse*, le *chemin* et la *basse rue des Vignes* dont la triple dénomination rappelait suffisamment l'importance du grand vignoble qui, de la barrière de l'Etoile descendait jusqu'à la Savonnerie (aujourd'hui Manutention militaire) à travers nos actuelles avenues de l'Alma, Marceau et d'Iéna. La rue *Vineuse* dont le principal ornement est le joli hôtel qui servit de premier pied-à-terre au maréchal de Mac-Mahon, lors de la reprise de Paris sur les insurgés de la Commune, le 23 mai 1871 — et qu'habite de nos jours, M. Marcel Prévost — la rue *Vineuse*, disons-nous, dénote suffisamment par son seul nom l'état du vieux terroir sur lequel elle fut percée au-dessus du Trocadéro, alors que ce n'était là que treilles aux grains dorés, pressoirs et cuviers débordant du jus de la vigne...

Un peu plus loin, toujours à Passy, nous rencontrons près du « Hameau Boulainvilliers » la *rue des Vignes* ouverte, en 1856, sur l'un des derniers grands vignobles parisiens. Il dévalait, lui aussi, vers les berges de la Seine et faisait une emprise sur le quartier d'Auteuil dont les côteaux étaient, écrit Du Mersan, aussi riches que ceux de Suresnes, « d'un jus qui gratte le gosier... (1) »

Mais Auteuil, à son tour, a perdu ses derniers vignobles. Le souvenir qu'en avaient gardé deux de ses vieilles voies a même disparu : l'impasse des *Vignes* est devenue, en 1869, la rue Pierre-Guérin et l'avenue des *Clos* a troqué son nom, en 1892, contre celui de Claude-Lorrain.

Paris, on le voit, n'est plus qu'un vignoble mort. Bordeaux peut dormir tranquille et la Bourgogne continuer... d'être heureuse !

(1) Voir *suprà*. Page 111.

AU-DESSOUS DE L'ENTRESOL...

On s'occupe, à l'Hôtel de Ville, d'améliorer les conditions hygiéniques des appartements situés tout en haut de nos maisons parisiennes, au cinquième *au-dessus* de l'entresol. C'est à merveille. Mais ne fera-t-on rien, à ce sujet, pour les appartements situés au troisième ou au quatrième *au-dessous* de l'entresol ?... Comment, *au-dessous* de l'entresol ?

Parfaitement. Paris, qui étouffe dans sa ceinture, non seulement cherche à s'envoler dans les airs, mais tente encore de s'enfoncer sous terre ; le mètre de terrain superficiel est si cher !

Sachez donc que, dernièrement, l'un de nos amis voyant sur une belle maison neuve d'une rue de Montmartre le classique écriteau : « Appartement à louer », s'informa auprès du concierge. « Il nous en reste un, en effet, mais c'est au second *au-dessous* de l'entresol. Il y a trois étages à descendre. »

Notre ami visita, loua et maintenant, pour *monter* chez lui, il est obligé de *descendre* soixante marches...

Il faut ajouter que la rue en question est sur le flanc de la Butte, du côté où elle « dévale » vers la plaine Saint-Ouen. Curieux tout de même !

———

MUSES SÉNATORIALES...

Les statues des « Muses » qui, au Luxembourg, ornent le dôme du pavillon d'entrée de MM. les sénateurs, viennent de faire leur toilette. De noires qu'elles étaient, elles sont redevenues blanches, d'une blancheur un peu outrée, même. Il semblerait qu'on les ait passées au « ripolin » et cela jure étrangement avec la jolie patine des vieilles pierres du palais de Marie de Médicis...

A leur tour, la *Sagesse* et la *Prudence* qui, dans le fond de la cour, décoraient le fronton de la salle où s'élaborent, en dernier ressort, les lois de la République, ont été descendues de leurs socles.

On va en faire des moulages. Espérons qu'ils ne se feront pas trop attendre. La Sagesse et la Prudence sont, au Sénat, choses nécessaires !...

En même temps que le très distingué secrétaire-général du Sénat faisait procéder à cette toilette de Muses, il rendait à l'air et à la liberté quatre autres statues qui depuis fort longtemps se mouraient d'ennui dans les greniers sénatoriaux.

On va les placer à l'entrée des belles serres du potager du Luxembourg et comme elles représentent les quatre saisons, elles seront là — à cause des fleurs et des légumes tout proches — très à leur place...

DU FEU DANS LA CHAMBRE DU GRAND ROI...

Les visiteurs du château de Versailles ont eu, l'hiver dernier, une étonnante surprise.

On sait que la plupart des appartements du château sont chauffés au moyen d'un calorifère. Certaines pièces, néanmoins, en sont dépourvues, notamment la chambre du Grand Roi, dont on n'a pas voulu abîmer, par des « bouches » disgracieuses, les magnifiques boiseries.

Or l'humidité persistante et froide du dernier hiver risquait de compromettre le lit royal, les tentures et les meubles de l'époque qui font, de cette pièce historique, un ensemble incomparable.

On a donc allumé du feu dans la chambre du Grand Roi, et dans cette cheminée, sur l'entablement de laquelle Louis XIV s'accouda si souvent, d'énormes « quartiers » de chêne et de hêtre brûlent du matin au soir...

Le fauteuil du Roi a été approché de la cheminée, et, à voir tout ceci, on dirait que cette chambre est habitée et qu'elle n'attend plus que son Maître !...

Hélas ! il n'y reviendra pas...

RÉDUITS D'ALCHIMISTES.

Faiseurs de diamants. — A propos de l'affaire Lemoine. — Nicolas Flamel et Dame Pernelle. — De la Tour Saint-Jacques à Chevilly-en-Beauce.

Les voyageurs aflairés qui, tout le long du jour, s'engouffrent dans l'escalier menant à la station du Métropolitain « Châtelet » — tout en tenant à la main le journal dans lequel sont relatés les derniers détails de l' « Affaire des diamants » — se doutent-ils que derrière les briques vernissées de ce très moderne tunnel se cachent un vieil escalier aux marches branlantes et de vastes caves aux voûtes ogivales qui furent, elles aussi, les témoins d'une autre affaire mystérieuse : la « transmutation » des métaux et la recherche du « grand œuvre » ? C'est, en effet, en cet endroit exact, en bordure de la vieille *rue des Ecrivains*, — disparue lors du percement de la rue de Rivoli et de l'ouverture du boulevard Sébastopol — que s'élevait au début du XVᵉ siècle l'échoppe de Nicolas Flamel. C'est là que le chercheur de la « pierre philosophale » avait établi sa mystérieuse officine, à l'ombre de la vieille église Saint-Jacques-la-Boucherie qu'il avait prise en dévotion particulière, qu'il avait ornée, agrandie et enrichie de ses deniers. Avant la Révolution, époque à laquelle l'église fut démolie, — sa belle tour seule nous fût conservée et on l'a entourée d'un square aux jolis ombrages — Nicolas Flamel se retrouvait encore en peinture sur les vitraux, et en sculpture sur les portes du vieux sanctuaire dans lequel il demanda à être enterré. Il était représenté vêtu du traditionnel costume d' « écrivain juré », — c'était sa fonction officielle — armé de son écritoire, agenouillé par humilité et ayant à ses côtés la fidèle compagne de son existence, dame Pernelle, qui l'aidait au moins autant dans son œuvre d'alchimie que dans la préparation de ses grimoires judiciaires... Son image était toujours accompagnée de versets de la Bible ou de vers de sa façon sur la vanité des choses de ce bas-monde, sur la mort et sur l'autre vie :

> Hélas ! mourir convient
> Sans remède, homme, femme...

*
* *

Suivant son désir, Nicolas Flamel fut enseveli en sa bonne église de Saint-Jacques. La cérémonie eut lieu le 22 mars 1417. Les frais de sépulture, les messes et les aumônes réservées aux hôpitaux, tout avait été prévu et réglé dans un précieux et intéressant testament par lequel il léguait « trois cents « aulnes de bon drap, du prix de douze sols « parisis par chascun aulne, lesquelles se « raient données à cent pauvres ménages « dont ils seront tenus de faire, en droict « chascun, des cotte, chapperon ou chausses « pour les porter et les user comme ils pour « ront durer, *sans les vendre.* »

Cette donation était accompagnée d'autres libéralités considérables en faveur de l'Hôtel-Dieu et de Sainte-Geneviève-des-Ardents, dont le montant dépassait huit cents livres de rente.

On voit que Nicolas Flamel fit un noble usage de l'immense fortune — quinze cent mille écus qui — remplissait ses caves de la rue des Ecrivains, alors que le pauvre roi Charles VI n'avait pas — tout roi qu'il fut — un écu dans ses coffres !

Notre incomparable musée de Cluny a conservé la pierre tombale de Nicolas Flamel. Après le sac de l'église Saint-Jacques-la-Boucherie, cette pierre avait été jetée dans la rue et pendant de longues années elle servit à une marchande de poissons du quartier qui y étalait les produits de son commerce !... Elle fut enfin découverte par les soins éclairés de M. de Rambuteau, préfet de la Seine — et archéologue passionné — qui l'acheta et en fit hommage au musée de nos vieux souvenirs parisiens. La Révolution n'avait malheureusement pas respecté le monument qui surmontait cette pierre et qui figurait un cadavre avec ce distique :

De terre suis venu et en terre *retorne*
L'âme rends à toi, J. H. S. qui les péchiés pardonnes.

*
* *

L'un des maîtres — et des plus éminents — de l'histoire de Paris, P. Lacroix (le bi-

bliophile Jacob), a encore pu voir la rue des
Ecrivains et l'antique demeure de Nicolas
Flamel. « Quoique mutilée et défigurée,
écrit-il dans un curieux ouvrage — c'est,
croyons-nous, le premier de ceux qu'il
publia (1) — elle est pourtant restée debout...
Maçons et badigeonneurs ont effacé le
chiffre des années sur la face noirâtre de cette
célèbre demeure ; un marchand de vin a
entassé ses tonneaux dans la cave (2) où
peut-être se cacha la pierre philosophale, a
dressé son comptoir dans la salle basse où
l'habile écrivain avait sa boutique, et, insou-
ciant de son devancier, il coucha à l'endroit
même où Flamel et sa femme Pernelle dor-
maient au milieu de leurs trésors... »

On sait que Nicolas Flamel est encore
invoqué comme un saint par les hermétistes,
toujours attachés à la poursuite de la « bonne
pierre » ou pierre philosophale.

« Pendant le siècle dernier, l'un d'eux,
écrit encore le bibliophile Jacob, voulut

(1) *Promenades dans le Vieux Paris*, par P.-L. Jacob,
bibliophile. Paris, Desforges, 1838.
(2) C'est la cave même qui sert aujourd'hui de tunnel au
Métropolitain.

réparer à ses frais la maison de Nicolas Flamel... La maison fut livrée aux ouvriers. On remua le sol de la cave... et on découvrit du *charbon pilé*, des fioles de verre et des instruments d'alchimiste. »

« Voyez ces fioles — lisons-nous dans un autre ouvrage (1), ces cornues, ces vases de forme bizarre... Voyez ces fourneaux, ces pierres, ces soufflets... ne dirait-on pas l'antichambre de l'enfer... »

Ne semblerait-il pas, à lire ces lignes, qu'elles furent écrites d'hier et cette description ne ressemble-t-elle pas, à s'y méprendre, à celle qu'on nous fit de l'officine de la rue Lecourbe ?

*   *
*

Mais il y a plus. Nicolas Flamel, lui aussi, avait établi une « succursale » en province. A quelques kilomètres d'Orléans, au bout du petit village de Chevilly, un tertre se voit à la lisière de la belle forêt qui, au sortir des plaines monotones de la Beauce, apparaît

(1) *La Bibliothèque des voyageurs.* Paris, Napoléon, Chaix, 1843.

tout à coup aux yeux du voyageur surpris comme une oasis de verdure et de fraîcheur. Ce tertre, c'est « l'Ermitage ». C'est là que l'alchimiste parisien avait établi son réduit rural. Pendant de longs siècles, la frayeur empêchait les braves gens du pays d'en approcher à plus de cent pas... Il courait, à son endroit, un tas de légendes fâcheuses dont la crédulité villageoise avait fait autant de réalités. Toujours est-il qu'après la mort du « Magicien » on fit des fouilles dans l'atelier que Nicolas Flamel avait aménagé pour continuer, à Chevilly, ses occultes recherches. « On y trouva, nous dit le grave historien Paul Lucas (1), des urnes, des fioles, des matras, du charbon, puis, *dans des pots de grès*, une matière minérale, *calcinée et divisée par petites parcelles, grosses comme des pois...* »

Ne jurerait-on pas, à lire ces lignes, écrites en 1704, qu'il s'agit d'un compte rendu de l'affaire Lemoine ? Tout se recommence...

_____

(1) *Voyage au Levant.* Paris, 1704.

Paul Lucas fut nommé, en 1714, « antiquaire » du roi. Il mourut en 1737. Il parcourut à trois reprises différentes le Levant d'où il rapporta quarante manuscrits précieux qu'a conservés la Bibliothèque nationale.

LES « BOURDONNAIS » ET LA « CRUCHE CASSÉE ».

D'importants travaux de voirie vont modifier presque complètement l'aspect de l'une des rues les plus intéressantes de la capitale : la rue des *Bourdonnais*, près des Halles centrales.

Cette vieille rue parisienne tire son nom curieux des frères Guillaume et Adam Bourdon, deux riches commerçants, qui en étaient propriétaires... au XIVe siècle ! La maison portant le numéro 35 de cette rue — que son propriétaire, M. de Rincquesent vient de vendre à la ville pour en faire une école de filles — fut habitée par le cardinal Mazarin, alors qu'il n'était encore que le nonce du Pape.

Tout à côté se trouvait le célèbre hôtel de La Trémoïlle, dit de la *Couronne d'Or*, en raison d'une enseigne qui décorait l'une de ses portes, dont les débris précieux ont été recueillis par l'Ecole des Beaux-Arts où on peut les voir de nos jours. Le chimiste Fourcroy habita la rue des Bourdonnais, et aussi le peintre Greuze.

C'est même là que fut exécutée la fameuse *Cruche cassée...* dont le modèle, la charmante et volage Gabrielle Babuti habitait rue Saint-Jacques où son père tenait commerce de livres.

OMNIBUS AÉRIENS...

Bientôt la question sera à l'ordre du jour. Mais — s'en doutait-on ? — voilà plus de soixante ans passés qu'elle se posa et qu'elle fut mise... en musique. Témoin la curieuse romance qu'une trouvaille chez les bouquinistes du quai mit l'autre jour entre nos mains. Son titre — suggestif — est celui-ci :

L'OMNIBUS AÉRIEN

Théorie nouvelle (sic) de la navigation aérienne.

Elle fut chantée, vers 1845, au théâtre des Variétés, sur la musique de J. Nargeot et les paroles de E. Biruget, par la célèbre Mlle Flore, qui nous a laissé, sur les gens et les choses du théâtre de son temps, de si curieux *Mémoires*.

La couverture de notre romance porte une vignette amusante au possible, signée : Bouchot. Elle représente un omnibus *triplan* et à hélice, avec un *moteur double à vapeur*. Sur le marchepied de l'omnibus, le conducteur sonne de la trompe pour appeler les voyageurs, au milieu d'un vol éperdu de cigognes... Tout y est, quoi ! Et cette vignette date... de 1845.

Décidément, nos pères avaient tout prévu. Et nous, nous réalisons... un peu.

———

L'AMPHITHÉATRE DE WINSLOW

Las d'attendre dans la rue, les étudiants de Paris, se sont décidés à mettre la « main à la pâte ». Ils se sont improvisés architectes, charpentiers, serruriers, gâcheurs de plâtre, ou « limounisants », c'est-à-dire, maçons. Ces derniers emplois ont été, naturellement, réservés aux étudiants natifs des bords de la Haute-Vienne...

Ils font d'ailleurs merveille, nos étudiants et, désormais, ils n'ont rien à craindre de la sempiternelle « grève du Bâtiment ».

Dans quelques mois la jolie rotonde de la rue de l'Hôtel-Colbert sera définitivement aménagée et transformée en une confortable salle de délibérations où se discuteront les intérêts « professionnels » — déjà ! à vingt ans ! les pauvres enfants ! — de leur Association.

*
* *

Bien curieuses, les destinées successives de cet « Hôtel-Colbert » qui fut le siège de la

première Faculté de médecine parisienne à la
fin du xv° siècle. Le dôme élégant qui fait
l'angle de la rue de la Bûcherie est celui de
l'ancien amphithéâtre de Winslow, au seuil
duquel se déchiffre la curieuse inscription
suivante :

Amphitheatrum
Ætate collapsum Restituerunt
Medici Parisienses
R. S. H. 1744
V. R. de Vilar, Decano (1)

Dans un bâtiment, en retour d'équerre,
au fond de la cour de l'Hôtel — et qui servit
jadis de chapelle — une autre inscription
latine fait l'éloge de deux des Doyens de
l'époque (1678), Le Masle et de Roches.
Cette partie de la vieille école de médecine
ne sera malheureusement pas conservée.
Songez donc ! une vieille chapelle...

Lorsque l'Ecole de Médecine eut émigré

______

(1) En voici la traduction :

Les Médecins Parisiens
Ont réédifié cet amphithéâtre
A demi détruit par l'âge
L'an 1744 du Règne du Sauveur des Hommes
V. R. de Vilar, étant Doyen.

d'abord rue de Latran puis — en 1775 — dans l'ancien enclos des Cordeliers, où elle est toujours, mais « revue, corrigée et considérablement augmentée », les bâtiments des rues de l'Hôtel-Colbert et de la Bûcherie se métamorphosèrent en une auberge qui, à l'instar de celle que nous avons déjà rencontrée rue Dauphine (1), fut placée à l'enseigne du *Cheval-Blanc*. Inutile d'ajouter que c'était sous le règne d'Henri IV...

Après l'auberge, un lavoir ; après le lavoir, un marchand de vins ; puis... bien d'autres industries encore s'abritèrent — si l'on peut dire — sous les boiseries de l'amphithéâtre de Winslow.

Enfin, grâce à l'heureuse initiative de la Société des *Amis des Monuments parisiens*, l'Hôtel-Colbert a été racheté par la Ville de Paris qui, généreusement, en a fait don à l'A. E.

Puissent maintenant, Messieurs les Etudiants — gloires en herbe du Barreau, de la Faculté ou de la Sorbonne — ne plus nous l'abîmer !... Qu'ils « gâchent du plâtre »

(1) Voir *Supra*, pages 1 et s.

tant qu'ils voudront, mais qu'ils ne «gâchent» pas trop l'amphithéâtre Winslow dont le dôme trapu, les lucarnes arrondies, les œils-de-bœuf, les mascarons et les « chicorées » frisées dans la pierre sont un régal pour les yeux...

L'ESCRIME AU SÉNAT

Pour se reposer des joutes oratoires, quelques-uns de nos Honorables de la Chambre haute, désireux de se livrer sur place à de savantes « passes d'armes », ont réclamé l'installation d'une salle d'escrime. C'est aujourd'hui chose faite. On l'a aménagée dans l'ancienne antichambre de la célèbre salle du « Livre d'or » — ainsi dénommée de ce qu'elle contenait, sous des lambris tout dorés, le registre d'état civil des membres des familles régnantes, — au premier étage, du côté de la rue de Médicis.

Sur les parquets cirés, des « chemins » de tapis soigneusement tendus offrent aux pieds sénatoriaux toute la fixité voulue... Au mur, fleurets et masques sont alignés, avec, au-dessous, l'indication des « escrimeurs ». Ils sont au nombre de dix environ, les escrimeurs du Sénat, la plupart médecins ou officiers en retraite et, galamment, sous le plastron républicain et le masque... conservateur, on voit le Sabre et le Codex échanger, presque chaque jour avant la séance, des « bottes de Nevers » ou des « coups de Jarnac »... Histoire de se faire la main pour les joutes de la tribune !

———

LE REMORQUEUR D'AUTOS
A VIDE...

... Il vient de faire son apparition dans les rues de Paris, et nous croyons bien avoir assisté à ses débuts. C'est aux stations de fiacres qu'il opère, surtout aux alentours des marchands de vin-restaurateurs, et à l'heure des repas. Son but et sa fonction, les voici. Un chauffeur a quitté son siège pour déjeuner, et un client vient de monter dans une voiture placée devant la sienne, dans la file. Voici un vide dans la file. Il faut le combler... Jadis — aux jours de la traction animale qui seront bientôt de vieux jours ! — le cocher absent n'avait pas besoin de se déranger. « Cocotte » venait d'elle-même, instinctivement, remplir le vide, et tous les fiacres, à la file, derrière elle, s'ébranlaient. Mais les « auto-taxis », eux, restent immobiles, et voilà pourquoi apparaît le remorqueur qui, pour quelques sous par jour, se charge de mettre les autos en place, en

s'attelant aux essieux, au moyen d'une corde
passée sur les épaules... C'est une figure à
ajouter aux « petits métiers parisiens », que
Privat d'Anglemont décrivit jadis si bien,
sans prévoir — et pour cause — celui-ci.

LE « THÉATRE DU CRIME »

Sur l'emplacement exact de l'hôtel du numéro 25 de la rue de la Pépinière, qu'une cause célèbre — l' « affaire » Rémy — a mis si tristement au premier plan de l'actualité, nombre de vieux Parisiens se rappellent encore avoir vu une charmante demeure élevant ses façades — sculptées naguère, paraît-il, par Pajou — entre cour et jardin et visibles à la fois de la rue de la Pépinière et du boulevard Haussmann. C'était l'un des plus luxueux hôtels de l'ancien quartier d'Anjou, si riche jadis en résidences aristocratiques.

Ce bijou d'architecture et les beaux arbres qui l'entouraient ne disparurent que vers 1877. Il servait, en dernier lieu, d'habitation au prince Demidoff de San-Donato, qui y avait réuni les pièces les plus rares de ses riches collections. Le prince avait succédé en ce bel hôtel au marquis de Jaucourt, ancien pair de France sous la Restauration et la Monarchie de juillet.

Des « modernisations » ultra-regrettables avaient complètement transformé l'hôtel Demidoff qu'un beau jardin, bordé d'une grille monumentale, séparait du boulevard Haussmann.

FANTOMES DE LA RUE...

Quel est donc le chroniqueur plein d'esprit — le pauvre et regretté Alphonse Allais, ou bien le jeune et charmant Miguel Zamacoïs? — qui, naguère, dans le *Polichinelle* « hebdomadaire humoristique de la Famille », écrivait ceci :

« Ecoutez et appuyez-vous au mur :

« Il y a un omnibus qui ne conduit nulle part (1).

« Parfaitement, monsieur ; il y a un omnibus qui, comme l'inaction, ne mène à rien ; c'est l'omnibus *Panthéon-Place Courcelles.* Oh ! pour ce qui est de partir du Panthéon, il part du Panthéon ; mais il se garderait bien de vous mener place Courcelles. Pourquoi ? — *Mais parce qu'il n'y a pas de place Courcelles.* »

Vous pouvez compulser les sergents de

(1) Nous avons déjà dit un mot de cette petite énigme parisienne dans notre premier volume de *Curiosités,* page 258.

ville, interroger les indicateurs, scruter les plans ; je suis sûr de ce que j'avance ; vous ne trouverez pas de place Courcelles. Les agents vous diront, en clignant les yeux vers l'Ouest et en étendant le bras : « Ce doit être près de la gare de Courcelles. » Vous irez là, et vous trouverez la place Péreire ; mais pas de place Courcelles.

Alors, si la place Courcelles n'existe pas, où va l'omnibus Panthéon-Place Courcelles ? Voilà la question qui se pose ; que devient cet « omnibus fantôme » qui part toujours et qui n'arrive jamais, faute de destination *réelle*; l'omnibus qui ne *peut pas* arriver ?

Et surtout, que deviennent les voyageurs qui montent dans cet omnibus, qui se disent, confiants : « Tiens ! je vais aller faire un petit tour du côté de cette place que je ne connais pas ? » Ils partent, *et on ne les revoit plus* ; où sont-ils passés ? Ha, ha ! Voilà le mystère. »

Et cela était signé : BILL SHARP.

Et bien ! Il paraît que nous allons la perdre, cette ligne légendaire qui, sur les flancs rebondis de ses omnibus, avait pris la place *Péreire* pour la place *Courcelles*.

Mais voici qui nous consolera. Paris possède encore deux lignes d'omnibus *fantômes*.

Ce sont ceux qui, de Montmartre, avec des chevaux, et de la Bastille, avec l'air comprimé, mènent à la... *Porte Rapp*. Nous voudrions bien, par exemple, qu'on nous la montrât, cette fameuse Porte Rapp !

Elle exista bien jadis, provisoirement, alors qu'elle servait d'entrée à nos deux grandes foires de 1889 et de 1900. Mais voilà tantôt dix ans qu'elle a disparu, ce qui n'empêche pas les omnibus de la *Porte Rapp* de circuler gravement, menant leurs voyageurs vers des destinations inconnues et d'inexistantes régions !...

C'est drôle.

POUR LA MARQUISE...

La « statuomanie » est très à la mode en ce moment. A chaque jour, une inauguration nouvelle ! Les cours du marbre et du bronze vont hausser...

En attendant le monument, véritablement digne d'elle, que réclament pour Madame de Sévigné, M. Emile Faguet, de l'Académie française, et bien d'autres, disons que depuis la reconstruction de l'Hôtel de Ville, la statue de la belle et spirituelle marquise figure en bonne place sur la façade de notre édifice municipal, regardant le quai.

L'œuvre due au ciseau de M. Eugène Aizelin figure sur le pavillon de gauche, entre les statues de Madame Roland et de George Sand.

On sait que, dans l'une de ses plus charmantes *Lettres*, la marquise de Sévigné écrivait : « *Si je pouvais seulement vivre deux cents ans, il me semble que je serais une personne très admirable.* »

Madame de Sévigné mourut en 1696. Son vœu a été réalisé, et au-dela !...

Ce n'est que justice...

A quand maintenant une belle statue, isolée, pour la charmante Mère des *Lettres* ?...

RUE ROYALE, EN PASSANT

Voici une indication dédiée aux amateurs de particularités parisiennes peu connues.

Lorsque donc, venant de la place de la Concorde, vous entrez dans cette incomparable rue Royale — l'une des gloires de Paris — qui, par son superbe ordonnancement architectural, au moins dans la première moitié de son parcours, sent si bien l'époque grandiose en laquelle elle fut conçue, ne manquez pas de jeter les yeux sur les façades latérales des deux édifices de Gabriel qui en décorent l'entrée. A droite, sur le ministère de la Marine — l'ancien garde-meuble de la Couronne — vous remarquerez une plaque de marbre noir portant ces mots, à demi effacés par le temps :

« *Loix* (*sic*) et Actes de l'Autorité Publique. »

Elle date de la Révolution, et la première affiche qui fut apposée là fut celle envoyant le Roi-Martyr à l'échafaud...

A gauche, juste en face, mais plus haut, sur les murs de l'ancien hôtel Coislin, aujourd'hui Cercle de la rue Royale — *vulgo* les « Moutards » (ou les « Bébés ») — une plaque de marbre blanc rappelle que Philippe de Girard passa une partie de sa vie dans ce bel immeuble. Dans les salles où, présentement, le *pocker* et le *bridge* font fureur, le célèbre ingénieur, penché sur ses plans et ses devis, découvrit enfin la machine à tisser la laine, qui lui valut, de la part de Napoléon Ier, un prix d'un *million*... lequel, d'ailleurs, ne fut jamais payé !

Regardez-les donc, en passant, les deux plaques de la rue Royale...

———

LA FOLIE ROQUELAURE.

*A la Villette ! — « Terre d'Espagne ». — Le duc de
Roquelaure et sa « Folie ». — Portrait physique et
moral. — Roquelaure et l'archevêque de Lyon. — Sa
disgrâce passagère. — Comment il s'en releva et pourquoi Roquelaure, en allant à Versailles, se gardait bien
de « secouer la poussière de ses souliers !... »*

Là-bas, bien loin, tout au bout de ce popu-
leux faubourg de la Villette qu'endeuillent
constamment, comme sous un voile de
crêpe, les panaches fumeux des hautes cheminées d'usines, on procède en ce moment
à la réfection du pont de Flandre, dont les
arches branlantes menaçaient la sécurité
publique. Ce coin de banlieue parisienne
aux désolantes perspectives était naguère
une campagne riante. De verdoyants bos-
quets de chênes et de hêtres se dressaient
gaiement au milieu des champs et consti-
tuaient d'excellentes « remises » pour le gibier — poil et plume, — lequel, on le sait, était
excessivement abondant dans les plaines de
Saint-Denis, des Vertus et d'Aubervilliers...

A l'ombre de ces bosquets ombreux, plusieurs grands seigneurs de l'avant-dernier siècle avaient fait élever d'élégantes « Folies ». Celle du célèbre duc de Roquelaure comptait parmi les plus somptueuses.

*
* *

Elle s'élevait à l'endroit précis où, de nos jours, le pont du chemin de fer de ceinture enjambe la rue de Flandre. On la connaissait sous le nom de « Terre d'Espagne » et c'est la recherche de l'origine de cette étrange dénomination qui va nous mettre sur la voie de l'une des anecdotes les plus pittoresques parmi celles qui émaillèrent l'existence, singulièrement remplie, de notre héros.

On connaît Roquelaure. Au physique, il n'était pas beau. Dans un curieux in-18 paru à Cologne, chez Pierre Marteau, en 1759, sous le titre de *Momus Français*, furent publiées les « Avantures divertissantes » (*sic*) de M. le duc de Roquelaure, d'après des papiers tracés de la main même du personnage. Ce serait donc une sorte d'autobiographie. L'auteur, on va le voir, ne s'y est pas flatté.

« Le duc, y est-il écrit, avoit de petits yeux noirs ; le nez plat et écrasé, de manière qu'on aurait bien eu de la peine à le discerner, si deux larges narines, toujours barbouillées de tabac (*sic*), n'eussent frappé la vue ; enfin, on ne peut mieux comparer cet antipode de nez qu'à celui d'*un beau chien de Boulogne* (1). La forme de son visage étoit large, sa bouche fort fendue, ses joues bouffies. Il étoit petit et sa taille ressembloit fort à celle d'une bamboche (2). Mais, en revanche, il pouvoit se vanter d'avoir d'aussi belles mains qu'il y en eût en France, car elles étoient blanches, petites, douces et potelées. »

Au moral, Roquelaure avait la pointe fine et malicieuse, un esprit endiablé, la répartie

(1) C'est-à-dire d'un *bull-dog*.
Pendant de longues années, l'élevage exclusif des *bull-dogs*, importés d'Angleterre, se localisa dans la ville de Boulogne-sur-Mer qui était en communication directe et journalière avec les Iles-Britanniques. D'où le nom de « chiens de Boulogne » donné à ces quadrupèdes d'aspect rébarbatif.

(2) De l'italien *bamboccia*, marionnette.

prompte. Il se plaisait fort à mystifier son prochain. Un jour que, chargé d'une mission diplomatique, il traversait Lyon en chaise de poste, il passa devant l'archevêché au moment même où Monseigneur montait en carrosse. Peu soigné de sa personne, comme d'habitude, le duc portait un grand chapeau rond et une capote fripée.

L'archevêque, avide de nouvelles fraîches, s'écrie :

— Hola, hé ! hé ! courrier, mon ami ! arrête !

D'abord un peu surpris, Roquelaure consent pourtant à s'arrêter. et le prélat de reprendre :

— Courrier, d'où viens-tu ? Qu'y a-t-il de nouveau ?

— De Paris ; des pois verts, répond le duc avec le plus grand calme.

Quoique interloqué, l'archevêque continue :

— Que disait-on à Paris, mon ami, quand tu es parti ?

— On disait vêpres.

— Ah ! ah !... Mais, au fait, comment t'appelle-t-on ?

— Les uns m'appellent : *Hola ! hé ! hé !* Les autres : *Hé ! mon ami !* Mais moi, qui me connais mieux que personne, je m'appelle le duc de Roquelaure... Fouette, postillon !

Et le pauvre prélat, confondu, de s'excuser de son mieux...

*
* *

Mais nous sommes à Lyon. Hâtons-nous de revenir à la Villette en passant par Versailles...

Or donc, un jour, Roquelaure avait eu la dent un peu dure à l'endroit de l'une des dames d'atours de la reine mère, qui réclama au jeune roi Louis XIV une punition exemplaire.

Après avoir beaucoup balancé sur le parti qu'il devait prendre, car il aimait fort le duc, dont la fidélité et la bravoure lui étaient connues, — à deux reprises déjà Roquelaure avait versé son sang sur les champs de bataille, — le roi finit par se plier à la volonté maternelle. « Roquelaure prononça le monarque, *je vous défends les terres de France.*

Retirez-vous. Je vous donne vingt-quatre heures pour mettre ordre à vos affaires. »

Le duc, qui savait que le jeune monarque n'aimait point la réplique, fit une profonde révérence au roi, quitta la Cour et, tandis que, parmi ses amis, les uns s'étonnent, les autres s'alarment, — d'aucuns, peut-être, durent s'en réjouir, — de sa disgrâce inattendue, il prend la poste.

Quelques jours de course l'amènent en Espagne. Un charron a bientôt fait de lui construire une vaste charrette. Roquelaure la fait remplir, à pleins bords, de sable emprunté aux plages de la Biscaye et le voilà courant à nouveau la poste remorquant la charrette et son précieux contenu. Dès le retour à la Villette, deux parts sont faites de cette « terre d'Espagne » ; deux bons tiers sont épandus sur les allées environnant l'élégante « Folie » pour laquelle, une fois l'été venu, le duc, cherchant *l'ombre et la fraîcheur de la campagne*, quittait son hôtel de ville situé non loin du « Cours » et qui est encore debout au numéro 7 de la rue Meslay. Le restant du fardeau demeure dans le fond de la charrette espagnole. Deux mules y sont attelées et... en route pour Versailles. Le duc s'était vêtu lui-même d'un habit « à l'espagnole », ainsi que les gens de sa suite.

Tout le monde, à la cour, éclata de rire à la vue de ce singulier équipage, et le jeune Roi tout le premier. Il était désarmé... Néanmoins, pour sauver les apparences, le monarque dépêcha à notre Roquelaure l'un des officiers de sa Chambre pour lui demander ce qu'il faisait là et s'il ne se souvenait plus de la défense qu'il lui avait faite de ne jamais paraître sur les terres de France.

« Il est vrai, monsieur, dit respectueusement le duc au messager royal, je m'en souviens fort bien et j'exécute de point en point ce qu'il a plu à Sa Majesté de m'ordonner ; mais dites aussi, de ma part, au Roi, que je suis sur des *terres d'Espagne,* qu'Elle ne peut me défendre ; rapportez-lui, surtout, qu'en quelque terre éloignée que je me trouve, je serai toujours prompt à me sacrifier pour ses intérêts. »

Le roi fut, au fond, ravi dans l'âme d'avoir un prétexte de faire grâce à Roquelaure, Il trouva cette invention si nouvelle et si ingénieuse qu'il lui permit de demeurer en

France, *à condition qu'il porterait toujours de la terre d'Espagne dans la semelle de ses souliers*, afin qu'il ne parût point avoir méprisé ses défenses...

Les jardins de la Villette ayant reçu une ample provision de « terre d'Espagne », Roquelaure n'eut pas de peine à suivre les injonctions royales.

Ce fut là, d'ailleurs, l'un des derniers traits de notre malicieux duc. Il mourut peu de temps après et son corps fut déposé dans la jolie chapelle du couvent des Récollets, devenu hôpital militaire, à l'angle du faubourg Saint-Martin.

*
* *

Et voilà pourquoi le nom de « Terre d'Espagne » demeura longtemps, à la Villette, celui de ce coin oublié de la périphérie parisienne... Qui sait ? Peut-être dans les pelletées de sable que les ouvriers jettent en ce moment, pour le consolider, sur le talus de la ligne de ceinture retrouverait-on encore un peu de cette terre d'Espagne qui permit au duc de Roquelaure de mourir... sur les terres de France.

SALLE MOLIÈRE

Le feu a détruit dernièrement une cor-
derie installée, entre les rues Quincampoix
et Saint-Martin, dans l'ancienne salle du
« Théâtre Molière », reconnaissable encore
à ses puissants piliers de pierre et à ses
voûtes solides, grâce à quoi l'incendie ne
dégénéra pas en sinistre.

Etabli en 1791, ce théâtre eut ses alterna-
tives de crises et de succès. Son créateur était
un petit-fils du poète Boursault, qui se faisait appeler Boursault-Malherbe ; les pièces
patriotiques, fort à la mode sous la période
révolutionnaire, formaient le fond de son
répertoire. En 1792, ce premier directeur se
retire, laissant ses artistes continuer l'entreprise sous le nom de *Théâtre des Sans-
Culottes*, ce qui nous conduit jusqu'en 1797 ;
après cela la salle Molière reste quatre ans
fermée servant de temps en temps de refuge
aux amateurs et concerts de bienfaisance,
sous le nom compliqué de *Théâtre des Amis*

des Arts et des Elèves de l'Opéra-Comique
avec un auteur dramatique du nom de Joigny
à sa tête ; il rouvre ses portes en 1801 ; puis
il reste de nouveau deux ans fermé et tente
encore la fortune sous le sceptre d'un comédien, Richard Martelly, qui ne put se main-
tenir qu'une année. Nous le voyons alors
servir de scène provisoire à la troupe de la
Porte-Saint-Martin, qui venait de fermer ses
portes. Ce sont ensuite deux associés, Gou-
raincourt et Bruno, qui en ont la direction
jusqu'en 1806, époque où Boursault-Malherbe, son fondateur, le reprend sous le
nom de *Variétés étrangères*. Il réussissait à
y acclimater le succès en y jouant des pièces
traduites de l'Espagnol, de l'Anglais et de
l'Allemand ; mais Napoléon Ier qui guer-
royait sans cesse contre ces pays ne trouva
pas la chose à son goût et le théâtre fut définitivement fermé par décret impérial le
20 août 1807. Après avoir servi quelque
temps à des séances de physique, des assauts
d'armes et des concerts, la *Salle Molière* est
restée jusqu'à ces dernières années un Bal-
Concert, employé à l'occasion pour les
réunions publiques.

Le sort de bien des élections s'y est décidé, et on a pu y entendre successivement Henri Rochefort, Gambetta, Ranc, Floquet, Paul de Cassagnac, Louise Michel.

Même, une fois, nous y avons vu le général Boulanger.. Mais, lui, il parlait peu...

LA BUTTE TREMBLE

Ralentir ! Tournants brusques ! Passage dangereux !... Ce sont là autant d'avis comminatoires que les fervents du volant ou de la pédale sont accoutumés de rencontrer sur les grandes routes de nos vieilles provinces. A Paris, ces rencontres sont plus rares. En voici une, pourtant, — plus extraordinaire encore, — que l'on peut faire sur l'escarpement de la butte Montmartre... c'est-à-dire en pleine capitale. Au numéro 22 de la rue de Ravignan, sur une vieille palissade de bois, en bordure du trottoir, on lit ceci :

ATTENTION !

Les camionneurs sont prévenus que derrière

ces planches il y a

PRÉCIPICE

ET DANGER DE MORT

DONC, PRUDENCE !

Ralentissez ! Serrez les freins !

L'endroit où nous avons copié *textuelle-ment* ce curieux avis administratif recouvre les anciens souterrains de l'abbaye de Montmartre, qui s'étendait jusqu'à la rue des Martyrs. Des éboulements s'y produisent journellement...

Gérard de Nerval n'avait-il pas raison lorsqu'il vitupérait les ingénieurs de la Ville venant trancher à vif, dans les flancs de la Butte, des carrières à plâtre et aveugler ses sources au risque d'en détourner souterrainement le cours ? La Butte finira par s'affaisser sous elle-même...

EPAVES...

De la manufacture des tabacs qui vient d'être rasée, deux souvenirs nous resteront.

C'est d'abord le platane immense qui abritait, depuis plus de cent ans, le petit pavillon où Beaumarchais aimait à venir rêver et dont les fortes ramures, dépassant les grilles de l'enclos, dessinaient un gros cône d'ombre portée sur la large chaussée du quai d'Orsay.

M. Sommier, acquéreur d'une partie importante des terrains mis en lotissement, a promis de le respecter. Il ombragera la demeure qui va être édifiée en cet endroit.

C'est ensuite la porte monumentale qui réunissait, en pan coupé, les bâtiments de la manufacture, à l'angle des rues Jean-Nicot et de l'Université.

A l'instar de ce qui fut fait pour l'ancien « Portail des Lingères » soigneusement démonté et réédifié au square des Innocents, la porte des Tabacs sera transportée, au milieu d'un massif de verdure, au pied de la Tour Eiffel.

Elle constitue un spécimen intéressant, et assez rare, de l'architecture ornementale de l'époque de la Restauration, avec ses attributs agricoles et industriels et ses médaillons cavaliers.

Ce portail était la reproduction à peu près exacte de l'ancienne porte des « Ecuries d'Orléans », construites pour Monsieur, frère du Roi, rue Saint-Thomas-du-Louvre, au Carrousel et démolies sous le Premier Empire.

C'est aux efforts de la Commission du « Vieux-Paris » que nous devrons la conservation de ce curieux morceau architectural.

Un ban en son honneur !...

POUR LES VEAUX...

M. Lépine ne se contente pas d'être un excellent administrateur et de veiller de son mieux à la sécurité de ses administrés ; sa sollicitude éclairée autant que bienveillante se préoccupe aussi du sort des malheureuses bêtes qu'on mène, à travers les rues de Paris, aux abattoirs.

Chaussant les souliers de M. le marquis de Grammont, de son vivant député de la Haute-Saône et grand ami des bêtes — au point de leur avoir consacré toute une loi — M. Lépine leur consacre, à son tour, un... *code*, lequel contient 86 articles et vient de paraître à l'*Officiel*. Donc, à l'avenir, plus de mauvais traitements pour les bestiaux — bœufs, vaches, taureaux, moutons et porcs — arrachés aux pâturages familiaux pour accomplir à travers Paris leur voyage suprême. Les veaux sont principalement l'objet de la bienveillance préfectorale.

« Les veaux, dit l'article 5 du code précité,

ne seront amenés qu'*en voiture*, debout et sans lien. » Et l'article 6 : « Ils devront être descendus au moyen de déchargeoirs, de façon à leur *éviter toutes souffrances inutiles.* »

Evidemment, les veaux ne resteront pas insensibles au texte préfectoral. Déjà nous les voyons pleurer... comme des veaux, naturellement !

———————

LA ROCHE QUI TOURNE...

Pour cette fois — une fois n'est pas coutume — l'inflexible théorie de la ligne droite a dû fléchir et la toute-puissance orgueilleuse de la science a dû courber la tête devant la force invincible des traditions populaires.

Il y a à Lardy, près d'Étampes, dans la rocailleuse vallée de la Juine, une pierre merveilleuse dont le simple contact a la vertu de guérir les rhumatismes... On l'appelait — on l'appelle encore — *la Roche qui tourne*, parce que chaque fois que minuit sonne, elle fait un tour sur elle-même. Toutefois, il faut pour cela qu'un *pigeon blanc* vienne au rendez-vous, et il n'y manque jamais, affirme-t-on...

Lorsque, vers 1840, la Compagnie d'Orléans fixa en ces parages le tracé de ses lignes, les gens du pays en exigèrent la modification de façon que la « pierre qui tourne » fût épargnée. De là cette courbe accentuée de la voie que l'on remarque entre Lardy et Chamarande.

Cette année, la Compagnie a doublé ses voies en cet endroit, mais la roche merveilleuse a encore été respectée. C'est le triomphe du folk-lore et l'on reverra, à chaque minuit sonnant le fameux *pigeon blanc* qui, pour beaucoup, restera tout de même... un canard!

A PROPOS D'UNE INAUGURATION...

Le terre-plein sur lequel fut édifié récemment le monument de Charles Floquet a un passé historique intéressant à rappeler.

C'était l'ancien rond-point de l'*Allée-Verte*, ainsi dénommée, jusqu'aux approches de la Révolution, parce qu'il n'y avait là que marais et herbages verdoyants. Jean-Jacques Rousseau nous dit qu'un jour qu'il revenait « d'herboriser » sur la colline de Ménilmontant, il fut renversé, dans l'*Allée-Verte*, par un gros chien danois, appartenant à M. Le Pelletier de Saint-Fargeau et que, « dans sa chute, il faillit se rompre la mâchoire ». On le releva sans connaissance et on le transporta à la maison de la Haute-Borne — c'était une manière de « dispensaire » — qui, elle, tirait son nom d'une pierre druidique (men-hir) trouvée en cet endroit...

Tels sont les parages, devenus longtemps son fief électoral, que contemplera, désormais, dans la sérénité du bronze, M. Charles Floquet !

ASTRONOMIE PARISIENNE ET SÉNATORIALE...

Voici, au sujet du monument de M. Scheurer-Kestner qui a été si malmené l'autre nuit, un détail « astronomique » curieux et bien peu connu.

On sait que la ligne du méridien de Paris passe idéalement par la fente ménagée dans la coupole principale de l'Observatoire et par le pavillon central qui sert de bibliothèque à nos sénateurs. Par exemple, lorsque M. Lintilhac y compulse ses dossiers parlementaires à midi précis, il a juste le soleil dans le nez... Eh bien! l'obélisque de M. Scheurer-Kestner est situé dans l'axe même de notre méridien et, lorsque midi sonne, son ombre portée indique exactement la moitié de la course du soleil.

Cela fut-il voulu ? et est-ce pour cela qu'on a donné à ce monument l'apparence d'une « mire » assez semblable aux « mires » de

Montsouris et de Montmartre, qui, à l'entrée et à la sortie de la capitale, marquent le passage du méridien de Paris ?

Peut-être.

En tout cas, ce monument est devenu un « point de mire » pour manifestations...

« CIRCULATION RESTREINTE... »

Depuis quelques jours, le pont de la rue Legendre qui, au croisement de la rue de Rome, « enjambe » les lignes de l'Ouest-Etat, est flanqué à ses deux extrémités d'une double pancarte portant ces mots : *Circulation restreinte*.

C'est un avertissement municipal auquel les Parisiens sont peu accoutumés mais que connaissent bien, par contre, nos « bons villageois », clients habituels des chemins vicinaux ou simplement ruraux, le long desquels cet avis apparaît invariablement dès que, après une période de froids intenses, survient le dégel. Cela veut dire que, par crainte du défoncement des chemins, la circulation des « charrois » en pleine charge est interdite, Paris ne connaît guère ces choses...

Tant il y a que le pont Legendre, dont la solidité est momentanément compromise par l'évidement de la chaussée de la rue de

Rome, sur laquelle il s'appuie, ne s'ouvre plus actuellement qu'aux piétons, aux bicyclettes et aux véhicules légers. Bientôt tout rentrera dans l'ordre normal...

Bientôt ?...

CINQUANTENAIRE

Paris élargit sa ceinture. — La loi du 11 juin 1859 : comment elle fut votée. — Année d'annexions. — Autour d'une caricature.— Chez M. de Cambis. — Le bouquet au corsage... — De la Tamise à la Seine. — La « Serpentine » de « Hyde-Park. » — Rêves de Prince et notes d'Académicien. — Un mot de Shakespeare. — L'Empereur-Jardinier. — Un oublié : M. Varé. — La Muse agreste de Barthélemy. — Le prodige de Marly renouvelé. — De Lauzun à Parmentier. — Chars d'autrefois : « autos » d'aujourd'hui.

La ville va célébrer le cinquantenaire de l'annexion à Paris des douze communes qui lui servaient de ceinture suburbaine. C'est en effet la loi du 11 juin 1859 qui consacra cet événement, le plus important qui se soit produit jamais, au point de vue économique, dans l'histoire de Paris.

Le fait est consigné d'une façon « lapidaire » dans une inscription bien peu connue. Elle se voit au premier étage d'une maison portant le numéro 13 du boulevard Pasteur (ancien 126 du boulevard de Vaugirard) et est ainsi concue :

Loi du 11 juin 1859.
Les limites de Paris sont portées
Jusqu'à l'enceinte fortifiée.

Le tout sur une plaque de marbre vert, encadrée des attributs impériaux et d'un aigle couronné, avec les majuscules N. et E, qui nous semblent avoir considérablement souffert de l'injure des hommes...

Détail curieux et presque ignoré. Cette loi qui fut un bienfait pour Paris et pour les communes annexées, — malgré que celles-ci se soient énergiquement défendues, au début, contre l'absorption parisienne — fut promulguée par l'Impératrice Régente dans les termes suivants :

Pour l'Empereur
En vertu des pouvoirs qu'Il nous a confiés.

Signé : EUGÉNIE.

L'empereur Napoléon III était, en effet, à cette date à la tête de l'armée d'Italie. Même la discussion de la loi en question fut un jour interrompue par la lecture faite à la Chambre d'une dépêche impériale annonçant l'entrée triomphale des Français à Milan et prescrivant le chant d'un *Te Deum* à Notre-Dame.

On était à la veille de Solférino... De telle façon que, tandis que Paris s'annexait Auteuil, Passy, Montmartre, La Villette et huit autres communes, la France s'annexait le Comté de Nice et les deux Savoies.

Année d'annexions... Hélas ! depuis, nous en avons connu d'autres !...

*
* *

Les communes suburbaines résistèrent tant qu'elles purent, avons-nous dit, contre cette incorporation dont elles entrevoyaient les inconvénients — l'assujettissement aux droits formidables de l'octroi parisien — sans en prévoir les avantages multiples. Les protestations furent surtout acharnées de la part des Ternes, de Passy et des Batignolles. Or, dans tel ou tel endroit de ces anciens villages suburbains, le mètre de terrain qui valait bien vingt sous, vaut aujourd'hui de quinze à dix-huit cents francs. Certains propriétaires de l'avenue du Bois de Boulogne (ancien Passy) ou du boulevard Malesherbes (Batignolles) ne nous démentiront pas...

La Presse s'empara de la question et ce devint une affaire politique. La caricature s'en mêla et, parmi ces pièces amusantes, il faut citer une « charge » bien curieuse signée de Ch. Vanier. Elle représente une bande de petits enfants portant chacun une bannière à leur nom : Passy, Vaugirard, Auteuil, et fuyant, en pleurant à chaudes larmes, devant une grande belle dame qui court après eux et fait mine de les engouffrer sous son immense « crinoline », instrument de torture fort à la mode, à cette époque, dans l'esthétique féminine.

Cette caricature, devenue rarissime, nous fut montrée un jour dans les cartons de l'aimable et bienveillant comte de Cambis, — son père fut l'écuyer de l'infortuné fils aîné de Louis-Philippe et l'un des fondateurs du *Jockey-Club* — qui a créé, dans son hôtel de Neuilly, une véritable succursale du musée Carnavalet.

Dans ces fêtes du « Cinquantenaire » le Bois de Boulogne mérite d'avoir une part,

car, en même temps que la ville rectifiait, en
1859, sa ceinture, elles s'empressait de piquer
à son corsage un bouquet de fleurs et de verdure destiné à rehausser l'élégance de ses
charmes nouveaux : ce bouquet, le Bois de
Boulogne devait le lui fournir, et tout naturellement.

A vrai dire, la confection du bouquet pré-
céda quelque peu l'aménagement du corsage
et c'est, en réalité, vers 1845 et sur les bords
de la Tamise — cela étonnera peut-être à
première vue — que naquit l'idée mère de
l'heureuse transformation de l'ancienne forêt
de Rouvray qui prit son nom actuel, en même
temps que le village tout proche des « Menus
de Saint-Cloud (1) » adoptait celui de Boulogne, en souvenir d'un pèlerinage accompli
par les parisiens à la Vierge miraculeuse de
Boulogne-sur-Mer, lequel avait été marqué
par des miracles et de nombreuses grâces
obtenues...

(1) La ville de Boulogne-sur-Seine renferme, encore de
nos jours, une rue des « Menus ». Le mot « Menus » était
pris, en vieux français, dans le sens de « dépendances »
ou d' « annexes ».
Nombre de Boulonnais suivirent, au retour, les Parisiens
et vinrent s'établir sur les bords de la Seine.

Mais justifions notre dire et revenons aux rives de la Tamise.

Pierre Loti, dans l'une de ces pages dont il a le secret et qui fit, tout récemment, la joie des lecteurs du *Figaro* (1) a écrit que l'un des tableaux qui l'avaient le plus charmé au cours d'une visite à Londres, fut celui de la célèbre promenade de *Hyde-Park* dont les « petites rivières sillonnées de yoles » courent entre des « pelouses en velours » et des massifs de fleurs, à l'ombre des érables rouges et des fusains dorés...

Avant Pierre Loti un autre « voyageur » de marque avait été séduit par le charme prenant de ces sites enchanteurs. Mais ce « voyageur » là était un exilé qui cherchait à tromper les amertumes de la patrie absente par d'incessantes chevauchées — il avait la passion du cheval ! — à travers le parc londonien.

Donc les promeneurs qui, vers 1845, au lendemain des « tentatives » de Strasbourg et de Boulogne, fréquentaient *Hyde-Park*, croisaient fréquemment dans les allées sablées de *Rotten-Row* un cavalier jeune et

(1) *Figaro* du 5 septembre 1909.

élégant qui, presque toujours seul, parcourait au trot d'un superbe alezan brûlé, landes et prairies. Invariablement, le cavalier mettait pied à terre au bord de la *Serpentine*, cette rivière charmante et sinueuse — son nom l'indique de reste — qui court en se jouant à travers les massifs de *Hyde-Park* tout parfumés d'une délicieuse fraîcheur. Là, le « beau ténébreux » à l'œil bleu s'asseyait sur un banc rustique et tout en lissant, d'un geste familier — il devait, jusqu'à la fin, en conserver l'habitude — sa fine moustache, il demeurait, des heures entières, en contemplation devant le joli spectacle qui se déroulait devant ses regards : la gracieuse rivière *Serpentine* sillonnée de canots aux voiles blanches se détachant sur le fond vert des ombrages touffus de *Kensington Gardens*...

*
* *

Lorsque Napoléon III — car, on l'a déjà deviné, le cavalier de *Hyde-Park* n'était autre que le neveu du grand Empereur — lorsque Napoléon III eut renoué les maillons de la tradition napoléonienne, il vit sans doute s'évoquer en son cerveau pensif l'aspect frais et champêtre du décor londonien qui, aux heures d'exil, avait fait une impression si profonde sur son imagination...

Toujours est-il qu'un jour — et cela se passait presque au lendemain du 2 décembre, — qu'il foulait du sabot de son cheval les allées poudreuses et désolées de notre Bois d'alors, il se tourna vers son fidèle Ecuyer Fleury — le compagnon des heures difficiles — et lui dit, à l'instar d'un personnage de Shakespeare : « *I will rise the waters* » — « J'élèverai ici les eaux. »

Le soir même, de retour à l'Elysée, l'Empereur mandait en son cabinet M. Varé, l'un des plus habiles paysagistes de l'époque, le digne continuateur des Le Nôtre et des Carmontelle, qui sut joindre à la majesté rectiligne de l'art si français du premier les grâces imprévues du parc « à l'anglaise » préconisées par le second. Varé, un peu oublié de nos jours, s'était déjà distingué dans l'aménagement des domaines de Dampierre, au duc de Luynes; de Ferrières, au baron James de Rothschild et des Aygalades, au comte

Jules de Castellane, cet aimable Mécène qui découvrit Augustine Brohan et la fit débuter sur les planches du « Théâtre Mondain » qu'il avait installé en son hôtel du faubourg Saint-Honoré (1).

Varé était *personna grata* à la Cour, toute jeune, de Napoléon III ; il avait, d'ailleurs, de qui tenir car c'était son grand père qui, aux temps de l'Epopée, avait créé les parcs de Saint-Leu pour le prince Louis et de Mortefontaine pour le prince Joseph. Il entra facilement dans les vues de l'Empereur. Ses plans, soigneusement établis séduisirent le souverain qui, dans un billet que nous avons eu sous les yeux, lui donna, de la façon la plus aimable, « carte blanche » et qu'il signa de ces simples mots : Votre dévoué « collaborateur ».

Les poètes célébrèrent les fruits heureux qui devaient résulter de cette « collaboration » et voici en quels termes curieux, Barthélemy, l'auteur de *Némésis*, rompant quelque peu avec son habituelle « manière », nous en décrit le tableau :

(1) Au n° 112. L'hôtel Castellane existe toujours ; mais, lors d'une transformation récente, il a perdu son théâtre.

Dans l'épaisseur du bois, au centre d'une plaine
Où des milliers de bras creusent le sol poudreux,
Deux hommes sont debout et discourent entre eux.
L'un d'eux, c'est le moins jeune, avec respect écoute
Le compagnon venu pour cet enfantement
Celui-ci quelquefois, le quitte brusquement,
Il s'arme de jalons, de flexibles baguettes,
Les fixe dans le sol, comme autant de vedettes,
Jusqu'à ce qu'il en ait épuisé le faisceau,
Qu'il ait fait un sentier, un talus, un ruisseau.
Et souvent déchiré par les dards de la ronce,
Les mains teintes encore de poussière, il s'enfonce
Vers Paris ou Saint-Cloud, au palais des vieux rois
L'un d'eux c'est *Varé*, l'autre est *Napoléon trois.*

... Il ne faut pas voir, dans ces vers dithy-
rambiques, une simple fantaisie de « poète...»
Les choses se passèrent bien ainsi. Tant que
durèrent les travaux qui devaient métamor-
phoser le Bois de Boulogne, le souverain s'y
rendit presque quotidiennement. Il se plaisait à les suivre des yeux, et, plans en main,
à y coopérer dans la société de son paysagiste
d'élection. C'était sa grande distraction et de
cette collaboration intime et charmante — qui
rappelle celle de Louis XIV et de Le Nôtre pour
le parc de Versailles — naquit ce « bouquet de
fleurs et de verdure » que Paris mit à son corsage alors qu'elle eut paré sa taille d'une « ceinture » nouvelle...

*
* *

Après avoir rendu à Varé ce qui est à Varé
— et à César ce qui est à César — il faut
noter l'entrée en scène d'un troisième personnage dont le nom est demeuré si intime-
ment mêlé, dans la reconnaissante mémoire
des Parisiens, à l'histoire des embellissements
de la capitale dans la seconde moitié du dernier siècle. L'Empereur, à qui la question des
eaux à amener dans le « Bois » transformé
tenait le plus au cœur, et qui se souvenait
toujours de la « Serpentine », la compagne
fidèle de ses rêveries d'exil, sous les ombrages de *Hyde-Park*, l'Empereur insista auprès
de Varé pour qu'il se rendît à Londres. Le
paysagiste lui représenta que son âge et l'état
de sa santé lui faisaient redouter les fatigues
du voyage.

« Alors, envoyez-y un autre vous-
même ! » dit l'Empereur. — « Sire, ce sera
fait », répondit Varé. Et il présenta à l'agrément du Souverain un jeune ingénieur
encore inconnu mais en qui il avait toute
confiance. C'était M. Alphand. L'élève fut à

la hauteur du maître. Il fit de nombreux séjours à Londres à l'effet d'étudier spéciale-ment, aux endroits indiqués par l'Empereur lui-même, l'aménagement de la « Serpen-tine » aux méandres gracieux ; de ses rives verdoyantes, si agréablement coupées de bos-quets ombreux et de corbeilles fleuries ; enfin des allées cavalières, si agréablement dis-posées, de *Rotten-Row*.

⁂

Pour arriver à la réalisation des plans impériaux, il fallut creuser de profondes tranchées et y enfouir d'immenses conduits entre la « Butte Mortemart » et la colline de Chaillot au sommet de laquelle les puissantes machines de la vieille « pompe à feu » — dont les hautes cheminées se profilaient, tout récemment encore, un peu en aval du Pont de l'Alma — amenèrent à profusion les eaux de la Seine en un vaste réservoir que recouvre le square, d'où, depuis 1886, le mélancolique Lamartine en bronze de M. Marquet de Vasselot, son fidèle lévrier à ses pieds, contemple l'emplacement du châlet rustique que la Ville avait donné au chantre de *Jocelyn* et qui abrita les derniers jours du poète découragé...

De Chaillot, les eaux un instant détournées de la Seine regagnèrent, au pont de Suresnes, leur lit d'origine, après être tombées deux fois en cascade, après s'être étendues en lacs, allongées en rivières, divisées, enfin, en une multitude de clairs ruisselets portant partout la fraîcheur et la fertilité. Le rêve de la « Serpentine » était réalisé ; le prodige de la machine de Marly et des magnificences Versaillaises était renouvelé et la Muse de Barthélemy se fit encore dans les termes suivants l'interprète de l'admiration populaire pour le prodige accompli.

> La Seine, suspendant son cours mélancolique,
> Rebelle tout à coup aux lois de l'hydraulique,
> S'élance de son lit ; ses flots irrigateurs
> Atteignent de Passy les agrestes hauteurs ;
> Elle épanche ses eaux sur des plaines boisées,
> Par l'eau seule du ciel jusqu'alors arrosées ;
> Elle tombe en cascade, en réseaux palpitants ;
> Elle forme des ports, des îles, des étangs ;
> Elle se plaît à voir sur la verte pelouse
> La naïade s'unir à la nymphe jalouse,
> A pousser des esquifs ornés de pavillons
> Sur la place où des chars imprimaient leurs sillons.

... Ces « plaines boisées », M. le duc de Lauzun nous en avait déjà parlé dans ses *Mémoires* fameux. N'est-ce pas là, en effet, qu'autour du « Rond Royal » (1), se termina un *match* sensationnel entre son écurie — on était, en 1775, à l'aurore des courses de chevaux en France — et celle de M. le duc de Chartres? « Mon cheval gagna assez faci-
« lement et le public, qui *m'aimait mieux*
« *que le duc de Chartres,* écrit Lauzun, (non
« sans quelque complaisance), m'applaudit
« longtemps. La Reine en fut transportée de
« joie. J'eus toute les peines du monde à
« l'empêcher d'avoir des chevaux de course.
« Ce fut, je crois (autre téméraire fatuité) la
« *plus grande preuve de mon crédit sur*
« *elle.* »

... Les « sillons » dont parle Barthélemy ce sont évidemment ceux de la plaine sablon-neuse (2) dans lesquels, avec l'agrément du roi Louis XVI, l'apothicaire des Invalides sema, un beau jour, un tubercule que l'on

(1) Le « Rond Royal », c'est aujourd'hui le Grand Lac. Un restaurant voisin en porte encore le nom.
(2) L'actuelle « Porte des Sablons », proche le Jardin d'Acclimatation, nous en a conservé le souvenir et le nom.

dédaignait et que l'on ne cultivait, jusqu'alors, que comme un objet de curiosité
florale. L'apothicaire, c'était Parmentier ; le
tubercule décrié, c'était la pomme de terre...

— Quant aux « chars » de notre poète...
Mais où sont les chars d'antan ?

Demandez-le aux trépidantes automobiles
qui ne demanderaient qu'à faire — sur les
avenues roulantes que nous devons à la collaboration de l'Empereur Napoléon III et
de ses habiles ingénieurs — du « cinquante à
l'heure »... si les agents cyclistes n'étaient là
pour modérer, — parfois — leurs intempes-
tives ardeurs !

L'ART D'ACCOMMODER LES RESTES...

... Il nous vient, en matière de statues, d'Angleterre. On peut voir à Londres, dans le fond de *Mansion-House*, une énigmatique statue : celle, équestre, de Charles II foulant aux pieds — non pas Cromwell — mais... des Serbes et des Turcs.

Voici la clef de l'énigme.

La statue représentait primitivement Jean Sobieski, le héros polonais, vainqueur des Slaves et des Ottomans. Lorsque Charles II fut replacé par Monk sur le trône de ses pères, l'un de ses plus chauds partisans, l'*alderman* Viner, découvrit la statue en question dans quelque atelier du continent, l'acheta, l'offrit à la ville de Londres et fit remplacer le buste de Sobieski par celui du nouveau Roi... Le tour était joué !

Nous avons fait de même en France.

Pour honorer la mémoire des généraux Colbert, d'Espagne, Roussel et Walhubert tués à l'ennemi, Napoléon avait commandé

des statues qui, en 1814, étaient à peine
achevées. Quand Louis-Philippe dédia Versailles « à toutes les gloires de la France »,
il désira y voir figurer dans la cour d'honneur, non loin des Condé et des Turenne,
quelques-uns des plus célèbres guerriers de
la Révolution et de l'Empire, mais une exces-
sive dépense l'effarouchait. Il fit donc couper
la tête aux quatre généraux de l'Empire tués
à l'ennemi et depuis longtemps enfouis au
Dépôt des Marbres. Mais eurent-ils lieu de se
plaindre ? Presque aussitôt, avec des têtes
nouvelles et sous les noms de Jourdan, de
Masséna, de Lannes, de Mortier, ils furent
promus à la dignité de maréchaux de France
et au grade de marbres immortels.

Ces quatre statues décapitées — et auxquelles on refit des têtes — étaient primitivement destinées à décorer les piles du pont
de la Concorde. Elles sont maintenant à
Versailles, dans la cour d'Honneur, où elles
font très bon ménage avec Bayard et Du
Guesclin, Suger et Sully, Colbert et Richelieu, Turenne et Condé, Tourville et Du-
quesne, Suffren et Duguay-Trouin...

CHEZ LES « MALASSIS »...

Cette triste plaine des *Malassis*, qui est située dans la zone militaire séparant Saint-Denis des fortifications de Paris et dont la sinistre notoriété s'augmente sans cesse de quelque crime nouveau, avait jadis une autre renommée singulièrement plus avantageuse : c'était le coin le plus giboyeux des environs de Paris.

Dangeau écrit, à la date du 30 juillet 1706, que les ducs de Bourgogne et de Berry allèrent chasser aux *Malassis* et y tuèrent « *quinze cents perdreaux*. M. le duc de Berry en tua, pour sa part, près de trois cents. »

Les *Délices de la France*, un rare petit opuscule paru en 1761, s'exprime ainsi :

« Saint-Denis est au milieu d'une plaine abondante en grains et si *remplie de gibier* qu'il n'est pas possible de faire *deux pas* sans trouver des lièvres, des perdrix et mille autres sortes de venaisons. »

Hélas ! le gibier qu'on y chasse de nos jours n'est plus guère qu'un gibier... de potence. M. Lépine en sait quelque chose...

L'HORLOGE DE BERZÉLIUS

Pourquoi les « Taupins » ont-ils, dans leur argot spécial, donné le nom de *Berƶé* — abréviation de Berzélius — à l'horloge de l'Ecole Polytechnique ? Pourquoi ? Le voici.

Un jour de l'année 1819, l'illustre chimiste suédois Berzélius vint faire à l'Ecole quelques expériences devant les élèves ; au cours de l'une d'elles, on plaça un moineau sous la cloche de la machine pneumatique et on fit le vide.

L'oiseau allait périr quand des cris : grâce ! grâce ! partirent de tous les bancs de la salle.

Berzélius fit grâce au moineau qui, ayant repris haleine, s'envola joyeusement.

Depuis cette époque, affirme-t-on, et pendant fort longtemps, la gentille bestiole allait le mercredi et le dimanche soir, à huit heures cinquante-neuf minutes, se placer sur la grande aiguille de l'horloge pour l'empêcher de sonner neuf heures avant que le dernier retardataire, rentrant de permission, eût franchi le seuil de l'Ecole.

L'oiseau acquittait sa dette en sauvant ses sauveurs de l'inévitable consigne.

Si elle n'est vraie, la légende est jolie...

POURQUOI PICPUS ?

Une élection législative a eu lieu derniè-
rement dans le douzième arrondissement de
Paris, deuxième circonscription, quartier de
« Picpus ».

Il est amusant, à cette occasion, de signaler
l'origine de ce curieux nom de « Picpus »
attribué à tout un coin de Paris.

Vers le milieu du xv° siècle, une épidémie
« cutanée » s'abattit sur Paris, couvrant les
bras de ceux qui en étaient atteints de
« cloques » assez semblables à celles pro-
duites par des piqûres de puces.

Un religieux de l'Ordre des Franciscains
Réformés, établi de longue date entre la Bastille et la barrière de Vincennes, découvrit
une liqueur qui guérit radicalement les fâcheuses démangeaisons dont étaient atteints
les malades, et l'épidémie disparut bien vite.
Par reconnaissance, on donna au bon Père
franciscain le surnom de Père « Piquepuces »,
dénomination qui resta à la communauté,

puis à tout le quartier où elle avait son siège. Ce nom, l'altération du langage populaire, seule, le raccourcit un peu, en faisant de « Pique-puces », « Picpus », tout court !

Etymologie... piquante.

LA NAINE

Tout à côté de l'église Saint-Julien-le-Pauvre affectée, depuis peu, au culte catholique arménien, on nous a montré l'une des plus petites maisons de Paris. Dans le quartier, on l'appelle « la Naine ».

C'est celle qui porte le numéro 37 de cette curieuse rue de la Bûcherie qui était jadis consacrée presque exclusivement au commerce des *bûches et bois flottés*. Ecrasée sous un haut toit de tuiles vermoulues, notre bicoque ne comporte qu'un seul étage et deux modestes fenêtres. Elle doit dater du début du xvi° siècle et fait un étrange contraste avec les hauts immeubles qui l'encadrent. L'un d'eux servit longtemps d'atelier au peintre Gustave Courbet, et c'est peut-être là que fut exécutée la fameuse *Femme au gant,* qui vient de subir d'invraisemblables enchères.

Notre vétuste masure, dissimulée jadis derrière les bâtiments de l'ancien Hôtel-Dieu, apparaît maintenant au grand jour...

Elle a presque l'air d'en souffrir !

SONS DE CLOCHES...

Les cloches qui sonnaient l'heure à l'antique forteresse de la Bastille se voient maintenant — le croirait-on ? — dans la cour d'un immeuble particulier de l'avenue d'Eylau, tout près du Trocadéro.

Il s'agit des trois cloches de l'horloge que M. de Sartine avait fait installer, en 1764, au fronton du bâtiment de l'état-major, entre la tour de la Chapelle et la tour de la Liberté.

Un bâti rustique les supporte et voilà longtemps qu'elles n'ont pas retenti, les cloches de la Bastille ! Mais elles ne demanderaient qu'à parler... Nous en avons fait l'autre jour l'expérience.

Signées : Louis Chéron — comment ? déjà ! — et datées : 1761, ces trois cloches sont constellées de croix et de fleurs de lys en relief.

Quand fut démolie la Bastille, les cloches furent envoyées aux établissements de fonderie de Romilly-sur-Andelle, où l'on fabriquait du billon avec les bronzes dérobés aux églises.

Mais un archéologue survint qui les fit mettre de côté.

Le propriétaire actuel de ces cloches historiques avait projeté de les vendre à la Ville de Paris, pour le musée Carnavalet. M. Quentin-Bauchart, chargé du rapport, estime que le prix demandé est trop élevé, et conclut au rejet des offres faites à l'administration.

A qui les cloches ?

LE « FOYER... »

Rassurez-vous ! Il ne s'agit pas de la pièce qui a fait tant de bruit, mais, tout simplement, d'une œuvre philanthropique qui vient de faire démolir, près du Panthéon, tout un pâté de maisons pour y édifier une maison de retraite modèle.

Et cela vaut un spectacle très curieux et bien inattendu — mais très temporaire — aux Parisiens friands du vieux passé de leur ville, friands, aussi, de miettes d'histoire. Donc, derrière les vieilles bâtisses qu'on vient de jeter bas, apparaît depuis quelques jours, au milieu d'un bouquet de verdure, l'élégante tourelle à encorbeillement de l'ancien collège créé, en 1391, par Pierre Fortet, chanoine de Paris et dont la façade longe la rue Valette (jadis rue des *Sept-Voies*).

Le collège Fortet était, avec le d'*Harcourt* et le *Montaigu,* l'un des fleurons universitaires de la docte montagne Sainte-Geneviève. Au haut de cette tourelle une fenêtre ogivale s'ouvre : c'est celle de la chambrette qu'occupait Jean Calvin et c'est de là que, inquiété par la justice du Roi, il s'enfuit nuitamment pour se cacher à Angoulême, puis à Nérac, dans le palais de Marguerite de Navarre, enfin à Genève, en 1533...

Des constructions qui sortent de terre cacheront bientôt, à nouveau, l'historique tourelle du collège Fortet.

Il faut la saisir... au vol !

LES « TIRÉS » DE GENTILLY...

Sortez de Paris par la porte d'Ivry et tournez à droite sur le chemin d'Arcueil. Vous n'aurez pas fait cent pas que vous rencontrerez en bordure de ce chemin, sur un talus limitant un champ — planté de gravats et de tessons de bouteilles — un poteau surmonté d'une plaque en bois, semblable à ceux que l'on rencontre dans le fond de nos lointaines et giboyeuses campagnes. Celui-ci porte les mots classiques :

Chasse réservée

Cette vision rurale, alors qu'on est à peine à une portée de fusil des fortifications, est singulièrement inattendue. Gentilly a ses « tirés », tout comme Marly ou Rambouillet.

Reste à savoir le gibier qu'on y chasse et conseillons aux nemrods parisiens d'aller brûler leur poudre ailleurs...

Mais puisque nous sommes à Gentilly, ne manquons pas d'aller faire un pèlerinage à une vieille demeure du cru, bien oubliée, mais qui mérite qu'on s'y arrête. C'est la maison de campagne où, chaque année, la famille Foucher allait passer la belle saison et où Victor Hugo fut agréé comme fiancé d'Adèle Foucher.

Elle est encore surmontée, cette vieille demeure, de la tourelle dans laquelle se trouvait la chambre où le jeune poète recevait, en 1822, l'hospitalité de la famille Foucher, et où il écrivit plusieurs de ses Odes.

Victor Hugo n'oublia pas Gentilly et Bicêtre. Dans le *Dernier Jour d'un condamné* et dans *les Misérables*, il a décrit le sinistre cortège des galériens partant de Bicêtre enchaînés deux à deux ; dans *les Misérables* encore, il a fait un tableau charmant de ces parages et du champ de l'Alouette.

Le Maître raconte, dans le *Victor Hugo raconté par un Témoin de sa vie*, qu'il reçut un jour à Gentilly une visite qui l'amusa fort : un camarade de collège du jeune Foucher, âgé de douze ans ; ce camarade était un « gentil garçon à la taille déliée, aux che- « veux d'un blond de lin, au regard ferme et « clair, aux narines dilatées, aux lèvres ver-

« millonnées et béantes. Sa figure colorée,
« ovale et un peu chevaline, était bizarre en
« ce qu'elle avait, en place de sourcils, un
« cercle sanguin. Il se nommait Alfred de
« Musset. Il égaya une après-dînée d'une
« bouffonnerie dans laquelle il imitait un
« ivrogne avec une facilité et une vérité
« extraordinaires... »

Avant de quitter Gentilly rappelons à ceux
qui se plaisent aux évocations lointaines —
et aussi aux rapprochements curieux — que
ce petit enclos illustré par le séjour de Victor
Hugo, abrita jadis le poète Beuserade lequel,
gorgé d'honneurs et las de tout — même de
la galanterie — a écrit sur Gentilly ces vers
désenchantés :

> Ambition, fortune, adieu vous et les vôtres.
> L'on ne vient pas icy vos grâces mendier.
> Adieu vous mesme, Amour, bien plus que tous les autres
> Difficile à congédier...

C'est pourtant là même que Victor Hugo
devait rencontrer — plus tard — l'amour et
le bonheur !...

IMPASSE TRAINÉE...

Dans ses avis administratifs, le *Bulletin municipal officiel* fait savoir que la Ville de Paris met en vente un terrain de douze cents mètres qu'elle possède, à Montmartre, en bordure de l'impasse « Traînée ». Que de souvenirs rappelle ce simple avis ! Cette vieille impasse Traînée dut son nom à la *traînée*, le piège à loups de nos arrière-grands-pères. Cela montre qu'au temps jadis il y avait des loups à Montmartre... Et cela fait rêver !

Le terrain dont la Ville cherche à se défaire servit longtemps de jardin à l'ancien presby-tère de l'église Saint-Pierre. On y voyait, il y a une quinzaine d'années encore, une ravis-sante statue — Flore ou Pomone — toute en marbre rose et datant du règne de Louis XVI, enlevée depuis, et dont les grâces païennes sont enfouies sans doute en quelque réserve, garde-meuble, ou dépôt de la Ville...

On prétend, dans le quartier, que cette statue fut volée jadis à Versailles... Mais que ne prétend-on pas, à Montmartre ?

SAUVONS LE CLOITRE...

Autour de Saint-Séverin. — Ce qu'en a dit J.-K. Huysmans. — Les anciens « charniers ». — Inscriptions lapidaires. — La rue de la Parcheminerie. — Dante, amateur d' « imayges ». — Le « Palmarium ». — Pourquoi Napoléon aimait Saint-Séverin. — Verrières en péril. — « N.-D. de Sainte-Espérance ». — Le sanctuaire des Etudiants. — Pieuses traditions !

L'un des derniers chagrins du cher et grand Huysmans aura sans doute été de voir se perpétrer l'attentat — le mot est de lui — depuis longtemps médité par les ingénieurs de la Ville contre le quartier Saint-Séverin dont la merveilleuse église avait entendu ses premiers cris, alors qu'on l'y portait sur les fonts baptismaux... Huysmans adorait ce vieux quartier sous lequel coule la Bièvre dont les rives l'avaient vu naître. En fils pieux et reconnaissant, il se révoltait à l'idée qu'on pût porter une main sacrilège sur ce coin de Paris dont l'image évoquait si justement pour lui « le souvenir de certaines villes épargnées d'Allemagne ou le faubourg Mar-

tainville, tel qu'il existait, il y a quelques
années encore, à Rouen (1) » Huysmans
n'aimait pas nos modernes ingénieurs et, avec
son habituelle lucidité il avait prévu que la
pioche municipale ne tarderait pas à exercer
en ces parages ses désolants méfaits.

Ne trouvons-nous pas en effet, dès 1898,
sous sa plume, ces lignes prophétiques: « La
haine des ingénieurs pour tout ce qui est
encore marqué d'une étampe d'art est inlassable et ils ne s'arrêteront que lorsqu'ils
auront complètement aboli les derniers vestiges du Paris d'antan. Après cette mélancolique et charmante Bièvre qu'ils ont fini
par tuer et fait inhumer dans un égoût, ça
va être le tour de Saint-Séverin ; c'est dans
l'ordre (2) ».

Or au moment même où commençait la
cruelle agonie de J. K. Huysmans, retentis-
saient, comme en un douloureux écho, les
premiers coups de la pioche et du pic achar-
nés autour de ces augustes pierres qu'il
aimait tant !...

(1) *La Bièvre et Saint-Séverin*, 1898, p. 41.
(2) *Ibid*, p. 224.

*
* *

Au moins, la démolition de tant de vieilles masures aura eu un heureux résultat : celui de mettre en lumière, de sortir d'un écrin trop hermétiquement clos l'un des bijoux les plus précieux — l'un des moins connus aussi — de l'architecture ogivale parisienne : nous voulons parler de l'incomparable cloître entourant les anciens « charniers » de l'église Saint-Séverin.

Son entrée s'ouvre au numéro 2 (ancien de la rue de la Parcheminerie, par une longue et noire avenue dont la porte était ornée de ce quatrain :

> Passant ! penses-tu passer par ce passage
> Où, pensant, j'ai passé ?
> Si tu n'y penses pas, passant tu n'es pas sage
> Car en n'y pensant pas, tu te verras passé !

A l'autre extrêmité de ce couloir, Vitré, le célèbre imprimeur, qui était marguillier de la paroisse grava, en 1683, ces mots qu'un affreux badigeonnage — une enseigne d' « hôtel meublé » — a malheureusement recouverts :

Tous ces morts ont vécu ; toi qui vis, tu mourras.
L'instant fatal est proche et tu n'y penses pas !

Ces morts, c'étaient, pour ne citer que les notables, Pierre Le Maire, gentilhomme de la chambre du roi Louis XII ; Philippe du Four, commissaire au Châtelet ; Pierre Grassin, fondateur du collège qui porta son nom, décédé en 1569 ; Louis Moréri, auteur du Grand Dictionnaire Historique, mort en 1680... Plus tard, ce modeste champ de repos, qui sert aujourd'hui de jardin à la cure de Saint-Séverin, reçut, entre autres, les restes de Nicolas d'Anglure, marquis de Bourlemont, général des armées du Roi, inhumé en 1706, et du marquis de Ségur, gouverneur du pays de Foix, Lieutenant-général de Champagne et de Brie, mort en 1737.

*
* *

...Nous voici au milieu du cloître dont l'une des galeries — celle qui s'adossait aux maisons de la rue de la Parcheminerie — est demeurée intacte sur une longueur de cinquante mètres environ. Les arcades ouvertes et les clefs de voûte sont du plus pur style ogival et datent du xvᵉ siècle. De forts piliers, finement décorés d'arcatures légères et ornés de gargouilles grimaçantes, saillants à l'extérieur, vers l'ancien cimetière, maintiennent la poussée des voûtes. Les arcades formant les travées entre les piliers sont aménagées en arcs aigus, encadrés de moulures et surmontés, à la hauteur d'imposte, par des colonnettes ajourées.

L'ensemble de cet appareil architectural, presque inconnu des Parisiens avant le récent dégagement des rues Saint-Jacques et de la Parcheminerie et dont aucun « guide » ne fait mention, est une pure merveille ! La « Commission du Vieux-Paris », toujours si heureusement avisée, a, paraît-il, l'intention de demander l'isolement de ces précieux restes et leur « mise en valeur », à l'instar de ce qui fut fait jadis pour certaines portions de l'Abbaye de Saint-Germain-des-Près et de l'ancien Cloître Saint-Nicolas-des-Champs.

Quelques arbres plantés çà et là, sur les ruines des vieilles maisons abolies, constitueraient un cadre délicieux pour les vestiges si particulièrement intéressants du Cloître de Saint-Séverin et, d'autre part, leur présence empêcherait les maisons neuves qu'on va construire dans la rue Saint-Jacques élargie, de masquer l'église.

Les anglais font ainsi et ils ont bien soin, dans une jolie pensée religieuse, d'entourer leurs vieilles églises de massifs fleuris et verdoyants, ce qui est encore un dommage rendu au Créateur...

*
* *

Certes il faut déplorer l'œuvre de « perdition » — le mot est encore de J. K. Huysmans — entreprise par la Ville de Paris en ces parages et l'on ne saurait assez regretter l'éventrement de la rue de la Parcheminerie qui était — le Cartulaire de la Sorbonne de 1272 en fait déjà mention — plus que six fois centenaire.

Dante en a parlé et s'il a résidé à Paris — ce qui n'est pas prouvé, d'ailleurs — c'est à l'ombre des vieux murs écroulés depuis hier qu'il dût promener ses premiers pas, tout en contemplant les « imayges » aux dorures savantes, aux nuances suaves, sorties du pinceau des plus habiles enlumineurs de l'époque...

Mais, ces réserves faites, le dégagement de l'incomparable Cloître de Saint-Séverin, jusqu'ici ignoré de tous, aura — si *l'on ne construit rien à son entour* — un incontestable caractère d'utilité artistique. Puisse-t-il en être ainsi !

*
* *

Les vrais Parisiens, tous ceux qui sont épris des choses du passé et sensibles aux visions de l'Art, de l'Art religieux surtout, connaissent l'église dédiée à Saint-Séverin.

Son abside en constitue le « coin intime » qui, depuis que J.-K. Huysmans l'a si heureusement baptisé, porte le nom de *Palmarium*. Elle s'appuie sur neuf piliers dont l'un — la célèbre « Colonne Torse » — porte un chapiteau en forme de couronne sur laquelle les quatorze arêtes de la voûte viennent se grouper. Le dispositif, unique dans Paris, constitue l'une des deux gloires de Saint-Séverin.

L'autre, ce sont les magnifiques verrières

de la nef qui semblent des cristallisations de
pierreries dans lesquelles vient se jouer la
lumière du jour...

D'après l'abbé Lebeuf, le savant historiographe du Paris religieux, ce sont les plus
anciennes de la Capitale. Elles paraissent remonter au règne de Charles VI (1380-1422).

A deux reprises, le sort de ces merveilles
fut en danger. Sous la Révolution, en dépit
de la formule officielle : *Unité, indivisibilité
de la République Française, ou la mort...*
dont les traces se voient encore au-dessus
des fenêtres de la sacristie, l'église Saint-
Séverin faillit devenir... un dépôt de poudres et salpêtres !

Quelques jours après l'exécution de Chau-
mette, Lanjuinais, par une courageuse motion
déposée le 30 mai 1794, arrachait à la Convention un décret rendant l'édifice au culte.
L'église resta néanmoins fermée et ce fut
grâce à la protection du Premier Consul
qu'elle fut enfin rouverte, le 23 mai 1802.

Bonaparte avait l'église Saint-Séverin en
vénération profonde. Montholon nous en a
donné la raison : le séjour que Bonaparte
fit, pendant quelque temps, dans un hôtel

garni, nommé le *Cadran bleu*, rue de la Huchette, au n° 10 actuel.

« C'était, écrit le général de Montholon, « dans le temps de détresse qu'il eut à passer « après le siège de Toulon... moments péni- « bles pendant lesquels il vécut à Paris dans « un état voisin de la misère. Et Montholon « ajoute : Je crois pouvoir affirmer que c'est « en souvenir de ces temps de souffrance « qu'il a rouvert l'église Saint-Séverin. »

En 1870, nouvelle alerte ! Les obus de l'ennemi tombèrent dru autour de Saint-Séverin. On dut, pour les préserver du bombardement, descendre les magnifiques verrières de l'église et elles ne furent remontées qu'après la Commune.

Enfin, elles furent sauvées...

Notons, au point de vue anecdotique, le vitrail très moderne, celui-ci — que l'on voit à droite des fonts baptismaux, à la croisée du latéral.

C'est un souvenir de première Communion portant la date du 3 mai 1877 et représentant *Jésus bénissant les enfants*. Dans le coin, se voit le portrait, d'une ressemblance parfaite, de M. Charles Garnier, sous les traits d'un pâtre de la Judée. Le célèbre architecte de l'Opéra était, à cette date, paroissien de Saint-Séverin ; il habitait 90 boulevard Saint-Germain.

*
* *

Saint-Séverin, on le sait, est l'église des Etudiants. La belle statue de « Notre-Dame de Sainte-Espérance », à laquelle on doit les « succès d'examen », est, nuit et jour, auréolée d'une couronne de cierges flamboyants.
Les murs de la chapelle, tout tapissés d'*ex-voto* de marbre blanc aux dédicaces gravées en lettres rouges, leur font comme une parure de lys et de roses... Citons une dernière fois J.-K. Huysmans à propos de « Notre-Dame de Sainte-Espérance ».

« ...Là, écrit-il, dans le petit coin si intime de son chevet près de cet arbre dont le tronc tourne en spirale sur lui-même, éclate lorsqu'il touche la voûte et retombe en une pluie pétrifiée de branches, Elle se relève très pacifiante et très douce. Les étudiants l'invoquent pour le succès de leurs examens (1)... »

(1) *Loc. cit.* Page 206.

L'Eglise des Etudiants ? Oui certes. Ne s'était-elle pas érigée en plein cœur des « Vignes de Laas » — Victor Hugo en a parlé aux premières lignes de *Notre-Dame de Paris* — le quartier général de la jeunesse des Ecoles au Moyen-Age ? Ne servit-elle pas d'oratoire à Albert le Grand, à Thomas d'Aquin et à Bonaventure qui, avant de devenir de grands Saints, furent des universitaires modèles ?...

Enfin ne se trouve-t-elle pas sur le chemin de la Sorbonne, du Collège de France, de la Faculté de Droit, de l'Ecole Polytechnique ? C'est donc, pour beaucoup, à l'époque des examens, l'étape nécessaire, réconfortante et douce...

*
* *

...Déjà dès le xvᵉ siècle, les « escholiers », venus à cheval du fond de leurs lointaines provinces pour suivre les Cours de l'Université de Paris, avaient la coutume de fixer, dès leur arrivée dans la ville, les fers de leur monture au portail de l'église et cette pieuse tradition nous est rappelée par un bas-relief placé sur le porche dit de « Saint-Martin » au nord de l'édifice.

Ne devait-on pas un souvenir ému à ce sanctuaire dont les dalles virent — et verront encore s'agenouiller tant de générations d'étudiants aux fronts chargés de soucis — avant l'examen — et de lauriers — après ?...

———————

HUREPOIX OU GASCOGNE?...

Cyrano de Bergerac, Parisien de Paris. — La maison de la rue des Prouvaires. — « Cadet », mais pas « de Gascogne! ». — Sur les bords de l'Yvette. — Le Châtaignier : « Cyrano », Mauvières et Bergerac. — « L'ombre que font des arbres dans l'eau ». — Le joyau de la bibliothèque de Mauvières : « Exemplaire d'Auteur ». — Déboires de Cyrano. — Son entrée comme « domestique » chez le duc d'Arpajon. — Au pays de « Hurepoix » : d'où vient ce nom. — Deux mots d'esprit : le Duc et le Doyen d'Arpajon. — La mort du héros...

Cyrano de Bergerac est pour nous une vieille connaissance. Nous l'avons vu allant à l'école ; « découvrant » — avant M. Edison ! — le phonographe ; enfin commençant sa pénible agonie chez les Dames de la Croix de la rue de Charonne... (1).

Aujourd'hui, nous allons faire peut-être un peu de peine à la Gascogne, mais, le souci de la vérité veut qu'il en soit ainsi... En dépit du parfum extra-méridional de son nom, Cyrano de Bergerac appartient à la Capitale. C'est un vieux « Parisien de Paris »

______

(1) *Paris à la Fourchette :* Curiosités parisiennes, 1re série, pages 66, 174 et 184.

— est-ce pour cela que nous l'aimons tant ?

— peut-être — et

> De cette vérité deux *échos* feront foi
> Tant la chose en preuves abonde...

*
* *

Achevant l'œuvre du dégagement des Halles centrales qu'elle poursuit depuis trente ans, la municipalité parisienne exproprie, précisément en ce moment même, pour cause d'élargissement, la plupart des maisons de l'antique rue des *Prouvaires* (1) et parmi toutes ces vieilles pierres que vont remuer les ouvriers de la Ville, il s'en trouvera certainement qui proviennent de la demeure où naquit, en 1619, le cinquième enfant de la famille, Savinien Cyrano de Bergerac, fils d'Abel et de dame Espérance Bellanger, son épouse.

Le futur auteur du *Voyage dans la Lune,* de *l'Histoire comique des Etats et Empires du Soleil,* de la tragédie d'*Agrippine* et de la comédie du *Pédant joué* (2) — à laquelle

---

(1) *Prouvaires :* prêtres, en vieux français. Les prêtres de l'église Saint-Eustache demeuraient jadis en cette rue.

(2) L'un de ses ouvrages, *l'Histoire de l'Etincelle,* n'est pas parvenu jusqu'à nous.

Molière collabora et dont il s'inspira pour les *Fourberies de Scapin* ; le brave guerrier, le bretteur incorrigible, le duelliste impénitent qui s'attaquait à tous et à tout — ne s'avisa-t-il pas, un beau jour, de pourfendre un chimpanzé que son maître, Brioché, avait déguisé en « Cyrano » sur les tréteaux du Pont-Neuf ? —; l'écrivain amusant, satirique, cocasse parfois et excentrique — intéressant toujours — auquel Fontenelle, dans *Les Mondes*, Voltaire, dans *Micromegas* et Swift dans *Gulliver*, devaient faire de si larges emprunts ; l'élève de Gassendi que Charles Nodier tira de l'oubli et à qui M. Edmond Rostand a communiqué un peu de sa glorieuse immortalité... Cyrano — pour tout dire d'un mot — venu au monde le cinquième de sa famille, fut donc, dans toute l'acception du terme : un « Cadet », mais non pas très exactement un : « Cadet de Gascogne ! »

*
* *

Savinien, fils d'Abel, naquit donc à Paris ; mais si nous quittons les rives de la Seine pour celles plus pittoresques encore de l'Yvette, nous trouverons au fond de l'exquise vallée de Chevreuse le lieu de villégiature, modérément distant, que les Cyrano, en bons Parisiens qu'ils étaient, avaient choisi pour y passer la belle saison.

A mi-route de Chevreuse et de Dampierre (1), se voit à droite, sur un rude escarpement, un bois planté de chênes, de chataîgniers et de pins — parsemé aussi de roches et de pierres énormes dont la nature, la disposition, la forme et le nom — l'une s'appelle la « Roche du Diable », une autre la « Reine des Fées » — semblent prouver qu'elles sont contemporaines des religions primitives (2).

Au sommet de ce bois, qu'on gravit en suivant de savantes « Elivettes » — c'est le nom local donné aux sentiers dont le dessin en zigzag supplée à l'impossibilité de suivre la ligne droite pour atteindre au pic — un châtaignier colossal élève très haut sa vieille tête toute droite et ses bras puissants, malgré les injures du temps, les mor-

(1) Dampierre vient de *Damna petra* (pierre damnée).
(2) Ces grès sont de la même famille que la « Roche qui Tourne » que nous avons déjà rencontrée à Lardy (v. *Supra*, p. 243).

sures de la bise, même les atteintes de la foudre, qu'il eut à subir depuis le jour où Savinien le planta de ses propres mains...

Ce châtaignier, il a un nom consacré par une tradition bientôt trois fois séculaire, et ce nom c'est : « Cyrano ». On l'aime, dans la région, on l'admire comme un vieil ancêtre ce « Cyrano » qui, tous les ans, porte des châtaignes — les « chastes noix » de nos pères (1) — malgré que la sève ait grande peine à monter à travers les parois du tronc évidé de l'arbre historique...

*
* *

Quand il avait fini de planter ou de ramasser des châtaignes, Savinien redescendait la côte boisée et traversait le chemin. Faisons comme lui et pénétrons dans le beau parc de *Mauvières* et dans les prairies de *Bergerac* que sillonne, en de gracieux méandres, la claire Yvette et dont l'ensemble, avec le bois de la Côte où nous

(1) Les « piquants » qui protègent et défendent l'enveloppe où sont enfermés les fruits expliquent on ne peut mieux cette dénomination très juste et très pittoresque.

avons trouvé « Cyrano », constitue le domaine de Mauvières, au village de Saint-Forget (Seine-et-Oise).

Mauvières ? — lieu-dit où s'élèvent le château et les terrasses ; Bergerac ? — « mouvance » du précédent, avec son ancien moulin, son pont rustique, ses rigoles et ses cascades, ses hauts peupliers qui s'y mirent (c'est là, certainement, que Savinien composa le morceau charmant : *Sur l'ombre que faisaient des arbres dans l'eau*) ; — voilà qui explique suffisamment les appellations dont les deux branches des Cyrano parèrent leur nom patronymique : les Cyrano de Mauvières et les Cyrano de *Bergerac*... mais, vous le voyez, de Bergerac en Hurepoix, presque en Parisis...

Pauvre Gascogne ! Voile-toi la face et pleure en silence. Bientôt, d'ailleurs, nous t'accorderons une petite compensation...

Ne quittons pas Mauvières sans en saluer le château, construit au xviiᵉ siècle et augmenté au xviiiᵉ, qui est d'un très imposant ordonnancement, avec sa façade parsemée de « chicorées, » de « coquilles » et de mascarons de la Grande Epoque. Une jolie chapelle sise au midi, et dominant la prairie de *Bergerac*, a recueilli la table de marbre qui marquait la sépulture de Marie-Anne de Ségur, la dernière Abbesse de Gif.

La bibliothèque et les archives de Mauvières sont d'une grande richesse. Le joyau en est constitué par le *Voyage à la Lune*, « exemplaire de l'auteur. »

Les domaines de Mauvières et de Bergerac, avec leurs précieuses reliques, sont passés par des alliances dans la Maison de Gramont-Lesparre. — C'est dire qu'ils sont en bonnes mains...

Voilà semble-t-il pleinement établi, au profit de la Capitale, l'état-civil parisien et « suburbain » de Savinien Cyrano de Bergerac qui touchait l'adversaire tout en ajustant une ballade et qui jetait sa bourse pour le simple plaisir de faire un beau « geste »...

*
* *

Seulement ces plaisirs-là finissent, à tous points de vue, par coûter fort cher... Notre Savinien en fit la dure expérience.

Après avoir guerroyé en qualité de garde-

noble sous les ordres du capitaine de Castel-
Jaloux — ici la Gascogne reprend un peu de
ses droits — ; après avoir été blessé au siège
de Mouzon en Champagne ; après avoir servi
dans les gens d'armes du prince de Conty ;
après avoir failli perdre la vie au siège d'Arras en 1640 ; après bien d'autres choses encore... Cyrano de Bergerac, quelque peu
battu de l'oiseau, revint au pays de Hurepoix
où il trouva, chez un riche voisin, un emploi
destiné à lui assurer — dirait-on en argot
moderne — la « matérielle ».

L'une des grandes seigneuries du Hurepoix (1) — Châtres — venait d'être érigée en
Duché, sous le nom d'Arpajon, en faveur de

(1) Les étymologistes se sont fort chamaillés — et cela
depuis des siècles — autour de l'origine de ce nom de « Hurepoix » donné, vers l'an Mille, à une partie de l'ancienne
Neustrie, trait d'union entre le Gâtinais, la Beauce et l'Ile
de France, réunissant les vallées de l'Essonne et de l'Orge
à celle de l'Yvette, de Saint-Vrain à Dampierre, et dont
les villes principales sont, de nos jours, Dourdan, Arpajon,
et Chevreuse.

Pour beaucoup (voir notamment la savante dissertation
de M. Longnon, dans les Mémoires de la *Société de l'Histoire de l'Ile-de-France*), la *Hérupe* serait le vrai nom de
ce pays. Cette dénomination revient souvent dans la
Chanson des Saxons dont l'auteur, Jean Bodel, d'Arras,
vivait au XIIIᵉ siècle. C'est le récit de la résistance des
« Hérupois » (habitants de la « Hérupe ») aux prétentions

Deffaut d'Arpajon, marquis de Séverac, dont elle prit le nom. Il paraît que le titulaire, pour populariser son nouveau nom, eut recours à un procédé ingénieux et original.

« Quel est le nom de ce bourg ? » demandait-il aux paysans.

Les plus malins répondaient : « Arpajon ». Et le Duc de les gratifier de quelques bonnes espèces sonnantes et trébuchantes...

Quant aux niais, ils répondaient : « C'est Châtres. »

de Charlemagne ; puis du voyage des barons du pays à la cour d'Aix-la-Chapelle :

« Le premier jor de mai, que passez est yvers
« Se partent *Hérupois* de ler païs divers
« Par la terre de France chevauchant les travers
« Qui se passèrent Marne...

Une autre étymologie — encore qu'on aille la chercher plus loin — semble plus simple. En bourguignon et en vieux français, *hurepé* (d'où *hurepel* ou *hurepoix*) voulait dire : hérissé. Notre mot : horripiler : — exactement : faire dresser d'horreur les cheveux sur la tête — n'a pas d'autre origine. Le mot de : *Hurepel* aurait servi de surnom à quelqu'un de ces vieux barons féodaux, courageux — parfois cruels — très souvent « hirsutes » d'apparence, qui mirent en échec la puissance de nos rois des premières races.

Parmi ces barons, citons Thibault « File-Etoupes » et le le fameux Bouchard « Le Barbu » tige de l'illustre Maison de Montmorency, qui était comte de Montlhéry, l'un des châteaux-forts de notre région... « Sa « figure était celle

Et le Duc de cribler le dos des marauds
d'une volée de coups de bâton...

Inutile d'ajouter que le nom d'Arpajon
entra bientôt dans toutes les mémoires et
qu'il devint vite populaire (1) !

« d'un *sanglier*, disent les vieilles chroniques. Il avait des
« tourbières de cils et sa barbe était affreusement mêlée... »
Voilà bien le portrait d'un personnage *hurepé* et sa puissance fut telle qu'il a bien pu donner son nom à notre
pays de *Hurepoix*.

(1) Puisque nous sommes à Arpajon, profitons-en pour
rapporter une très jolie anecdote dont l'un des Doyens de
l'endroit fut le héros.

C'était à l'époque où Philippe V allait prendre possession de son royaume d'Espagne.

Le petit-fils de Louis XIV s'arrêta à Arpajon dont le
Doyen le salua en ces termes :

« Sire, les longues harangues sont incommodes. Je dirai
tout simplement ceci :

 « Tous les bourgeois de Châtres et ceux de Montlhéry
 « Mènent fort grande joie en vous voyant ici
 « Petit-fils de Louis, que Dieu vous accompagne !
   « Et qu'un prince si bon
    « Don don
   « Cent ans et jour de là.
    « Là là
  « Règne dedans l'Espagne ! »

Enchanté, le jeune monarque se mit à rire en s'écriant :
« *Bis !* » Le Doyen répéta sa chanson et le roi d'Espagne
de lui faire compter dix louis.

« *Bis !* » s'écria, à son tour, le Doyen.

Philippe V fit doubler la somme...

*
* *

Revenons à Cyrano.

Ayant appris que le nouveau titulaire du duché d'Arpajon remontait sa maison, il se présenta à lui ; en se recommandant des anciennes relations de bon voisinage qui avaient uni Châtres à Mauvières et à Bergerac. Sa demande fut agréée et Cyrano fut accepté comme « domestique » ; entendons-nous ! comme « familier de la maison », suivant l'origine latine *(domus)* de ce mot (1). Bref, Cyrano devint le secrétaire du Duc d'Arpajon. Ceci se passait vers 1653.

Quelques mois plus tard notre héros devait mourir, non sans avoir pourfendu une dernière fois la troupe des mensonges sous un rayon de lune...

Entre temps, il avait trouvé le moyen de s'éprendre de la fille du Duc à laquelle il dédia le joli sonnet où se trouvent ces deux beaux vers :

(1) Montaigne qualifie de « domestique » de Saint-Louis le sire de Joinville qui, lui aussi, était un très grand seigneur.

> L'éclat de ce visage est l'éclat adorable
> De son âme qui luit au travers de son corps...

Enfin, il mourut et par les soins pieux de sa parente, Catherine de Cyrano, Sœur Marguerite-de-Jésus, sa dépouille fut déposée dans le cimetière du couvent de la rue de Charonne,

Né Parisien, Cyrano de Bergerac mourut donc parisien. Voilà ce que nous a appris une charmante excursion à travers le Hurepoix et cette délicieuse vallée de Chevreuse qu'on a pu qualifier, très justement, de *Petite Suisse parisienne.*

— Maintenant, que les aïeux de notre Savinien, originaires de Sardaigne aient, avant de gagner Paris, séjourné plus ou moins longtemps sur les rives de la Dordogne ; qu'ils aient, en plantant leur tente sur celles de l'Yvette, donné le nom de leur ancienne résidence à une portion de leur nouveau domaine... cela est fort possible.

Cela se faisait couramment au temps jadis.

Chacun sait, par exemple, que ce sont des colons de Boulogne-sur-Mer qui baptisèrent, du nom de leur ville, Boulogne-sur-Seine (1).

Mais, tout de même, Cyrano de *Bergerac*, canton de Chevreuse (Seine-et-Oise), nous appartient.

Ne le lâchons pas !

(1) V. *Supra*, p. 254.

TABLE DES MATIÈRES

Par ordre alphabétique

A

F

G

H

I

J

L

M

Q

R

S

T

ABBEVILLE. — IMPRIMERIE F. PAILLART

www.ingramcontent.com/pod-product-compliance
Lightning Source LLC
LaVergne TN
LVHW050313060726

842525LV00002B/525